# 開成・国立附属・慶女・早慶附属受

# 中3 必勝コース

**必勝5科コース** 筑駒クラス 開成 クラス

**必勝3科コース** 選抜クラス、早慶クラス 難関クラス

## 講師のレベルが違

必勝コースを担 試に精通したスペシャリスト達ばかりです。早稲田 を長年指導している講師の中から、さらに選ばれたエリー します。教え方、やる気の出させ方、科目に関する専門知識、 負けません。講師の早稲田アカデミーと言われる所以です。

## テキストのレベルが違う

私立・国立の最上位校は、教科書や市販の問題集レベルでは太刀打ちできません。早稲田アカデミーでは過去十数年の入試問題を徹底分析し、難関校入試突破のためのオリジナルテキストを開発しました。今年の入試問題を詳しく分析し、必要な部分にはメンテナンスをかけて、いっそう充実したテキストになっています。毎年このテキストの中から、そっくりの問題が出題されています。

## クラスのレベルが違う

必勝コースの生徒は全員が難関校を狙うハイレベルな層。同じ目標を持った仲間と切磋琢磨することによって成績は飛躍的に伸びます。開成 88 名合格（5年連続全国 No.1)、慶應女子 78 名合格（4年連続全国 No.1）早慶 1494 名合格（12年連続全国 No.1）でも明らかなように、最上位生が集う早稲田アカデミーだから可能なクラスレベルです。早稲田アカデミーの必勝コースが首都圏最強と言われるのは、この生徒のレベルのためです。

**12年連続 全国 No.1** 早慶附属高（2次）1494名合格 （7校定員 約1720名）

**全国 No.1** 筑駒高 20名合格！（首都圏最難関）（定員 約40名） 都立日比谷高 67名合格

一流中学 高校受験 **早稲田アカデミー**

早稲アカ紹介 DVDお送りします

お気軽にお問い合わせください。

# information
## ーインフォメーションー

早稲田アカデミー
各イベントのご紹介です。
お気軽にお問い合わせ下さい。

小1～中3

**まだ間に合う！**
**夏期講習会受付中**

# 夏期講習会

**前期** 7/21(土)～8/3(金)

**後期** 8/17(金)～8/30(木)

夏は受験生にとっては天王山、また受験生でなくても、長い夏休みの過ごし方ひとつで大きく差がついてしまいます。この休みを有意義に過ごすために、早稲田アカデミーでは家庭学習計画表などを活用し、計画的な学習を進めていきます。夏期講習会の目的は１学期の学習内容を確実に定着させ、先取り学習で２学期以降に余裕を持たせることにあります。平常授業の３か月分に匹敵する集中学習（受験学年）は、２学期以降のステップアップの大きな支えとなるでしょう。

**学校の成績を上げたい君**　**中３の夏から都県立合格を目指す君**　**部活と勉強を両立させたい君**

夏期講習会の詳細はホームページをご覧ください。

# 中3 作文コース

**公立高校の記述問題にも対応**
**国語の総合力がアップ**

## 演習主体の授業＋徹底添削で、作文力・記述力を徹底強化！

**９月開講 受付中**

推薦入試のみならず、一般入試においても「作文」「小論文」の出題割合は年々増加傾向にあります。たとえば開成の記述、慶應女子の600字作文、早大学院の1200字小論文や都県立の作文・小論が好例です。本講座では高校入試突破のために必要不可欠な作文記述の“エッセンス”を、ムダを極力排した「演習主体」のカリキュラムと、中堅校から最難関校レベルにまで対応できる新開発の教材、作文指導の“ツボ”を心得た講師陣の授業・個別の赤ペン添削指導により、お子様の力量を合格レベルまで引き上げます。また作文力を鍛えることで、読解力・記述式設問の解答能力アップも高いレベルで期待できます。

- **９月～12月**（月４回授業）
- **毎　週**　月・火・水・木・金のいずれか（校舎によって異なります）
- **時　間**　17：00～18：30
- **入塾金**　21,000円（基本コース生は不要）
- **授業料**　12,000円／１ヶ月（教材費を含みます）

「日曜特訓」「作文コース」に関するお申し込み・お問い合わせは最寄りの早稲田アカデミーまたは **本部教務部 03 (5954) 1731** まで

お気軽にお問い合わせ下さい。 **早稲アカ紹介DVDお送りします**

Success15 fifteen 8

サクセス15
August 2012

http://success.waseda-ac.net/

## CONTENTS

# 験なら 一流中学 高校受験 早稲田アカデミー

## 必勝コース 選抜試験 無料

# 9/2 日

| 必勝5科コース | 必勝3科コース |
|---|---|
| 筑駒クラス | 選抜クラス |
| 開成国立クラス | 早慶クラス |
| | 難関クラス |

●北辰テスト受験者は代替受験が可能です。お問い合わせください。
●途中月入会の選抜試験についてはお問い合わせください。

## 必勝コース 説明会 無料

第2回

# 9/2 日

必勝5科コース男子
(開成・国立附属など)

必勝5科コース女子
(国立附属・慶女など)

必勝3科コース
(早慶附属・難関私立校など)

## 必勝コース実施要項

**日程**

| 月 | 日程 |
|---|---|
| 9月 | 9日・16日・17日(月・祝)・23日 |
| 10月 | 9月30日・7日・14日・21日 |
| 11月 | 3日(土・祝)・11日・18日・25日 |
| 12月 | 2日・9日・16日・23日(日・祝) |
| 1月 | 13日・14日(月・祝)・20日・27日 |

毎週日曜日 全20回

**時間・料金**

**必勝5科コース**
筑駒 開成国立 クラス
[ 時間 ] 9:30～18:45(英語・数学・国語・理科・社会)
[ 料金 ] 30,000円/月

**必勝3科コース**
選抜 早慶 難関 クラス
[ 時間 ] 13:30～18:45(英語・数学・国語)
[ 料金 ] 21,000円/月

※入塾金 10,500円(基本コース生は不要) ※料金はすべて税込みです。

**特待生** 選抜試験成績優秀者には特待生制度があります。

5年連続 全国No.1 開成高 東大合格者数最多 88名合格! 定員100名

4年連続 全国No.1 慶女高 女子私立最難関 78名合格! 定員100名

| | | |
|---|---|---|
| 全国No.1 青山学院 85名 | 全国No.1 成 蹊 31名 | 全国No.1 明大明治 118名 |
| 全国No.1 豊島岡女子 87名 | 全国No.1 立教新座 337名 | 全国No.1 中大杉並 182名 |
| 全国No.1 中央大学 54名 | 全国No.1 渋谷幕張 109名 | 全国No.1 ICU 61名 |
| 全国No.1 中大附属 157名 | | |

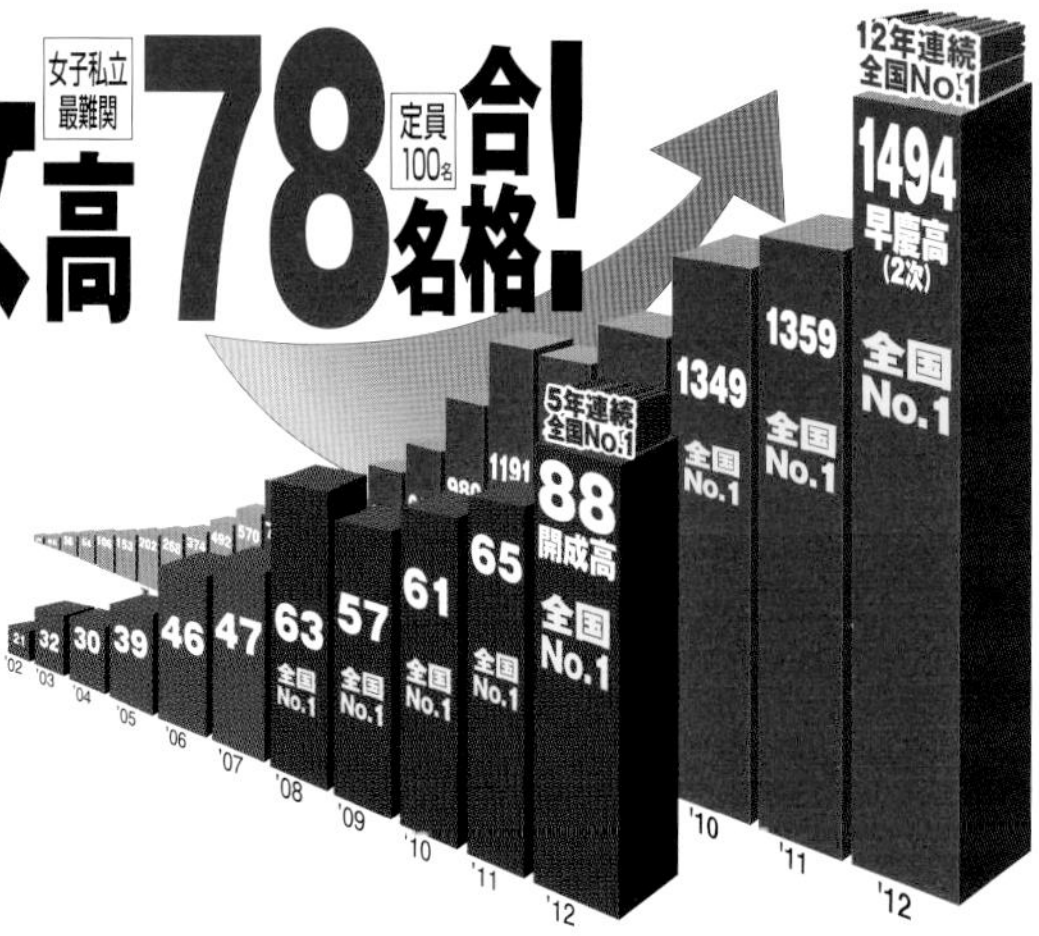


※No.1表記は2012年2月・3月当社調べ

お申し込み、お問い合わせは最寄りの早稲田アカデミー各校舎または
本部教務部 03(5954)1731 まで。

早稲田アカデミー 検索

一流中学
高校受験

# 早稲田アカデミー

## 中2・3 対象　日曜特訓講座

**お申し込み受付中**
お近くの早稲田アカデミー各校舎までお気軽にどうぞ

### 一回合計５時間の「弱点単元集中特訓」！

難問として入試で問われることの多い“単元”は、なかなか得点できないものですが、その一方で解法やコツを会得してしまえば大きな武器になります。早稲田アカデミーの日曜特訓は、お子様の「本気」に応える、テーマ別集中特訓講座。選りすぐりの講師陣が、日曜日の合計５時間に及ぶ授業で「分かった！」という感動と自信を、そして揺るぎない得点力をお子様にお渡しいたします。

早稲田アカデミー
イメージキャラクター
伊藤萌々香（Fairies）

### 中２必勝ジュニア　中２対象

「まだ中２だから……」なんて、本当にそれでいいのでしょうか。もし、君が高校入試で早慶など難関校に『絶対に合格したい！』と思っているならば、「本気の学習」に早く取り組んでいかなくてはいけません。大きな目標である『合格』を果たすには、言うまでもなく全国トップレベルの実力が必要となります。そして、その実力は、自らがそのレベルに挑戦し、自らが努力しながらつかみ取っていくべきものなのです。合格に必要なレベルを知り、トップレベルの問題に対応できるだけの柔軟な思考力を養うことが何よりも重要です。さあ、中２の今だからこそトライしていこう！

**科目…英語・数学　時間…13：30 ～ 18：45**
**日程…9/16、9/30、10/14、11/11、12/9、1/20**

### 中３日曜特訓　中３対象

受験学年となった今、求められるのは「どんな問題であっても、確実に得点できる実力」です。ところが、これまでに学習してきた範囲について100%大丈夫だと自信を持って答えられる人は、ほとんどいないのではないでしょうか。つまり、みなさんの誰もが弱点科目、単元を抱えて不安を感じているはずなのです。しかし、中３になると新しい単元の学習で精一杯になってしまって、なかなか弱点分野の克服にまで手が回らないことが多く、それをズルズルと引きずってしまうことによって、入試で失敗してしまうことが多いものです。しかし、真剣に入試を考え、本気で合格したいと思っているみなさんに、それは絶対に許されないこと！ならば、自分自身の現在の学力をしっかりと見極め、弱点科目・単元を早期に克服していかなければなりません。この「日曜特訓」で徹底学習して自信をつけましょう。


一流中学
高校受験
早稲田アカデミー

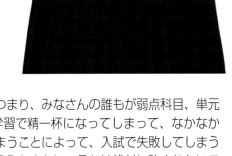

The University of Tokyo
# Vol.018

text by Tommy

東大への近道

# アドバイスは、受け身ではなく自分から選びにいこう

こんにちは。いよいよ待ちに待った夏休みが近づいてきましたね。今年の夏の予定は決まりましたか。予定を決めるときは抽象から具体へ、つまり大きな計画や目標を決めてから徐々に細かく設定をしていくのが定石《じょうせき》（基本）です。

さて、このページではみなさんに対して勉強法や、学生生活を楽しむアドバイスを書いてきました。みなさんは夏休みを前にして、学校の先生、塾の先生、ご両親、先輩などからもさまざまなアドバイスを受けることになると思います。

そこで今回はアドバイスを送るのではなく、受ける側の心得についてお話ししたいと思います。情報化社会を生き抜く、取捨選択の心得とでも銘打ちましょうか。

まず現状から考えてみましょう。現代では学校や塾で直接教わるだけでなく、新聞、雑誌、インターネットなどで多くの勉強法やアドバイスが書かれていますよね。これは情報が過剰であると言え、いわば読書をするために大きな図書館に行き、目当ての本が見つからない状況に似ていると思います。

私も、自分の勉強がうまくいかなかったときほど、いろいろな本や人のアドバイスに振り回され、余計に泥沼にはまってしまった経験があります。

大切なことは、いまの自分にマッチしたアドバイスを受け入れ、それ以外は聞き流す程度か、あるいは忘れてしまうくらい割りきってしまうことです。もちろん、すべてのアドバイスをまず取り入れてみようと考えることは最重要ですが、多くの人は扱えないほどのアドバイスを実践しようとして消化不良に陥っているのです。

では、一体どうやったら自分にマッチしたアドバイスなのか否かを判断できるのでしょうか。キーワードはすでにこの文中に出てきています。

答えは、「抽象から具体へ」という言葉です。具体的という言葉はなじみがあると思いますが、抽象的という言葉はやや難しいですよね。例えば「果物」というのが抽象的なくくりで、それを具体的にすると「バナナ、リンゴ、桃…」となる簡単なイメージで構いません。

学校で先生が勉強法についてお話をしていると想像してください。「みんな単語帳を作るといいぞ」と先生が言ったとしたら、みんな、の部分に自分、を置き換えて見るのです。自分が単語帳を作るメリットは？　語彙《ごい》力がなければこのアドバイスは聞き入れるべきでしょう。自分はそれほどマメな性格？　もし大雑把な性格なら、きっと単語帳は作るべきではないでしょう。

アドバイスというのは大人数に向けてされることがほとんどです。ゆえに「自分だったら」という想像抜きにアドバイスを受け入れることは不可能なはずです。

抽象的なアドバイスを、自分の例に具体化して初めて、アドバイスは効果を発揮します。絶対に受け身にならず、自分からアドバイスを選びにいく姿勢を持ちましょう。

それでは夏休みを前にしたみなさんに、私から1つアドバイスです。みなさんの想像以上に夏休みは短くあっという間です。だから、すぐに行動してみる、この気持ちを忘れないでください。きっとなにか一生の記憶に残るような経験に出会う夏休みになるはずです。よい夏休みを。

▶▶▶ 抽象から具体へ

# 英・数・国だけじゃない!!

# 夏にまとめて理科と社会

**英・数・国に時間を取られてなかなか手を付けられない理科と社会。しかし、国公立や私立の上位校をめざすには必要になってくる。時間のある夏休みを使って計画的に勉強を進めていこう。今号では、今年出題された入試問題を紹介し、解説していくぞ。**

**研二《けんじ》先生**

教師歴30年のベテランで、難関校の問題もわかりやすく解説してくれる頼れる理科教師。

**静夏《しずか》先生**

社会教師としてはまだ若いけれど、落ち着いた性格とやさしい話し方で生徒が安心して学ぶことができる。

**暢宏《のぶひろ》くん**

社会全般(とくに日本史)が大好きだけど、資料やグラフをもとに解く問題が大の苦手で、それが悩みのタネ。

**理子《りこ》ちゃん**

名前のままに理数系が得意な中学2年生。世の中に貢献できる研究者になるのが目標だ。

**2**　うすい塩酸に異なる金属板を入れると電池になって，電流をとり出すことができる。右図のように，金属板Aと金属板Bをうすい塩酸に入れ，プロペラのついたモーターをつないだ装置を使って電池の実験をした。金属板Aと金属板Bの組み合わせをかえることにより，次のa～dの実験結果を得た。これらに関連して，以下の**問1**～**問5**に答えよ。

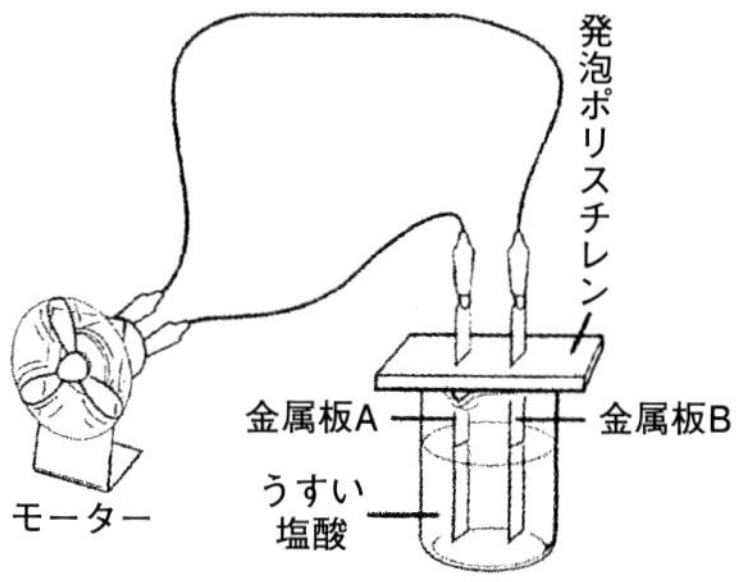


**[実験結果]**

a　Aを亜鉛《あえん》板，Bを銅板にすると，モーターについたプロペラは，時計回りに回転した。

b　Aを銅板，Bを亜鉛板にすると，モーターについたプロペラは，反時計回りに回転した。

c　Aを銅板，Bをマグネシウムリボンにすると，モーターについたプロペラは，反時計回りに回転した。さらに，プロペラの回転の速さは，aやbの場合よりも速かった。

d　Aを亜鉛板，Bをマグネシウムリボンにすると，モーターについたプロペラは，反時計回りに回転した。

**問1**　文章中の下線部において，ビーカーの中のうすい塩酸を次の**ア**～**エ**にかえたとき，電池ができるものはどれか。次の**ア**～**エ**の中から1つ選び，記号で答えよ。

**ア**　食塩水　　**イ**　エタノール　　**ウ**　砂糖水　　**エ**　精製水

**問2**　Aが亜鉛板でBが銅板の電池では，＋《プラス》極となる金属は，亜鉛，銅のどちらの金属か。原子の記号で答えよ。

**問3**　実験した電池の−《マイナス》極では，金属の表面で原子が電子を失って陽《よう》イオンとなり，うすい塩酸の中にとけ出していく。Aが銅板でBが亜鉛板の電池における−極の変化を，例にならって式で表せ。ただし，（ア）には原子の記号，（イ）にはイオン式，（ウ）には数字を書け。ただし，（ウ）の答えが1の場合は，省略せずに1と答えよ。

例：$Na \rightarrow Na^{+}$ ＋ ⊖　　：⊖は電子1個を表す

（ア）→（イ）＋（ウ）⊖

**問4**　Aが銅板でBが亜鉛板の電池において，電子が，−極から導線を通って，＋極に$n$個流れたとき，＋極の表面では，水素分子は何個できるか。数字と$n$を使って表せ。ただし，＋極の表面では，うすい塩酸中の水素イオンが，流れてくる電子をすべて受け取り，水素分子になったとする。

**問5**　a～dの実験結果から，亜鉛，銅，マグネシウムを，うすい塩酸中で電子を失って陽イオンになりやすい順に並べたものはどれか。次の**ア**～**カ**の中から1つ選び，記号で答えよ。

**ア**　亜鉛，銅，マグネシウム　　**イ**　亜鉛，マグネシウム，銅
**ウ**　銅，マグネシウム，亜鉛　　**エ**　銅，亜鉛，マグネシウム
**オ**　マグネシウム，亜鉛，銅　　**カ**　マグネシウム，銅，亜鉛

## 解説

化学電池に関する問題です。実験結果を考察すれば多くの知識を必要する問題ではありませんが、よく取りあげられる金属のイオンの価数やイオンなるときの電子のやり取りの仕組みなどはおさえておくことが大切です。

**問１**は電解質が溶けている水溶液だから食塩水よね！

そう、正解だね！　**問2**はAが亜鉛板の場合、亜鉛原子が電子を失って亜鉛イオン（$Zn^{2+}$）となり（問３で参照）、Aの亜鉛から放出された電子が導線を伝わって、Bの銅板の方へ移動します。亜鉛板のように、導線に向かって電子が流れ出る極を−極（負極）、銅板のように導線から電子が流れ込む、すなわち導線に向かって電流が流れ出る（電子の流れと電流の流れの向きは反対であることに注意）極を＋極（正極）といいます。したがって、＋極となるのは銅（Cu）ということになる。

**問3**　Aが銅板でBが亜鉛板のときは、Bが−極になる。亜鉛はイオンになるとき２個の電子を失うことがポイントだ。

**問４**は、＋極の銅板の表面では、水溶液中の水素イオンが電子を受け取って水素が発生するから…。

そうだね、この様子を式で表すと次のようになる。

$2H^{+}$　＋　2⊖　→　$H^{2}$

上の式より、電子の数に対して水素分子はその半数となるので、電子が$n$個のとき、できる水素分子の数は$\frac{n}{2}$個だ。

**問5**は実験bと実験cを比べることで、電子を失っているのは金属板Bであると考えられる。また、実験cと実験dを比べることで、亜鉛よりもマグネシウムの方が陽イオンになりやすい性質を持っていると考えられる。

**【正解】**

**問１**　ア　　**問２**　Cu
**問３**　ア　Zn　　イ　$Zn^{2+}$　　ウ　2
**問４**　$\frac{n}{2}$（個）　　**問５**　オ

**3** 次の文章を読み，(1)～(6) の問いに答えなさい。

空気中を音が伝わる現象は，音を出す物体が空気を振動させ，その空気の振動がまわりの空気に伝わることで生じる。この音が伝わる速さは音を出している物体の速さに影響されない。また，1秒間に空気が振動する回数を振動数といい，その単位はHz《ヘルツ》で表される。

水平でまっすぐなレールの上を電車が一定の速さ 61.2km／時で走っている場合を考える。この電車の先頭にはAさんが乗っていて，電車の前方には止まっているBさんがいるとする。

AさんとBさんとの間の距離が 170m になった時から，Aさんが振動数 1900Hz の音が出る笛を2秒間吹き続けた。ただし，この笛の音が空気中を伝わる速さは 340m／秒であり，風はないものとする。また，笛の音は最初から最後までBさんにはっきり聞こえているものとする。

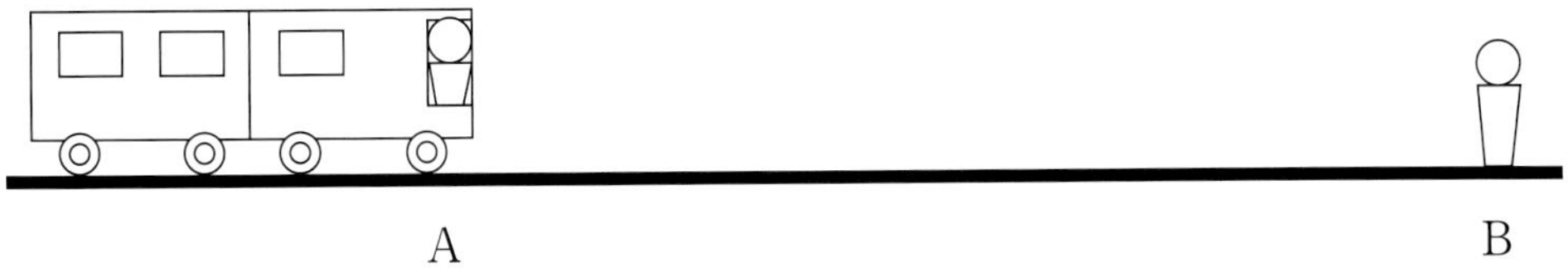


(1) この電車の速さは何 m／秒か。

(2) Aさんが笛を吹き始めてから，Bさんに笛の音が聞こえ始めるまでに何秒かかるか。

(3) Aさんが笛を吹き終えてから，Bさんに笛の音が聞こえなくなるまでに何秒かかるか。

(4) Bさんは何秒間笛の音を聞くことになるか。

(5) (4) で笛の音が聞こえている間にBさんの所では 3800 回空気が振動したことになる。Bさんが聞く笛の音の振動数は何 Hz か。

(6) 一定の振動数の音を出している物体がある。この物体が止まっている人に近づいてくる。この物体が止まったまま音を出す場合と比べ，この人が聞く音がどのように変化するかについて述べた文として，最も適切なものを次の1～5の中から一つ選び，番号で答えなさい。

1. 音の振動数が大きくなるため，音は高くなる。
2. 音の振動数が大きくなるため，音は低くなる。
3. 音の振動数が小さくなるため，音は高くなる。
4. 音の振動数は小さくなるため，音は低くなる。
5. 音の振動数は変わらないが，音は大きくなる。

## 解説

音を出している物体が移動している場合を考える問題で、計算が主体の問題になっていますから、設問にそって丁寧に計算することが大切です。ただし、音の大小、高低に関する基本を理解していれば、決して難しい問題ではありません。

あれっ、そんなに難しくないのか…。**(1)** は、61.2km＝61200mで、1時間は3600秒だから、速さ＝$\frac{\text{距離}}{\text{時間}}$、61200÷3600＝17(m／秒) かな。で、**(2)** は340m／秒の速さで170mの距離を進むのにかかる時間を求めればいいんだよね。

やるじゃん、暢宏！

そうだ！ **(3)** は、Aさんが笛を吹き続けた2秒間に電車は、17×2＝34（m）進む。したがって、笛を吹き終わる直前に発せられた音は、170−34＝136（m）進むとBさんに届き、これにかかる時間は、136÷340＝0.4（秒）だ。

**(4)** Aさんが笛を吹き始めた時刻を基準にして考えればいいわよね。Bさんに笛の音が聞こえ始めたのが0.5秒後で、笛の音が聞こえなくなったのが2+0.4＝2.4秒後だから、Bさんは2.4−0.5＝1.9秒間笛の音が聞こえていたんだわ。

その調子だね！ **(5)** Bさんに音が聞こえている時間は1.9秒間だから、その間に3800回空気が振動していることになる。なので1秒間では3800÷1.9＝2000回、すなわち2000Hzだ。

最後に **(6)**。(2) ～ (5) より、音を出している物体が人に近づいてくる場合、観測される音の振動数は大きくなることがわかります。また、音は振動数が大きいほど高くなるよ！

※同じ理由から、音を出している物体が人から遠ざかっていく場合、観測される音の振動数は小さくなり、観測される音は低く聞こえます。このように、音源が移動することによって、振動数が大きく（音が高く）、あるいは振動数が小さく（音が低く）観測される現象をドップラー効果といいます。

**【正解】**

**(1) 17m／秒　(2) 0.5秒　(3) 0.4秒**
**(4) 1.9秒間　(5) 2000Hz　(6) 1**

**9**　酸化銅と炭素粉末を混ぜて加熱したときの変化を調べるため，次の実験を行いました。これに関して，あとの（1）～（4）の問いに答えなさい。

**実験**

① 酸化銅4.00gと炭素粉末0.15gをはかり，よく混ぜて試験管Aに入れた。

② **図1**のように，酸化銅と炭素粉末の混合物を加熱していくと，気体が発生し，試験管Bに入っていた石灰水が白くにごった。

③ 気体が発生しなくなったところで，ガラス管を石灰水の入った試験管Bからとり出し，加熱するのをやめた。しばらくして，ピンチコックでゴム管を閉じ，試験管Aに空気が入らないようにした。

④ 試験管Aが冷えた後，試験管Aに残った物質の質量をはかったところ，3.60gであった。

⑤ 同様の実験を，酸化銅の質量は4.00gのままで，炭素粉末の質量を0.05gずつ増やして行った。**表**は，このときの結果をまとめたものである。また，**図2**は，この結果をグラフに表したものである。

**表**

| | | | | | | | |
|---|---|---|---|---|---|---|---|
| 炭素粉末の質量〔g〕 | 0.15 | 0.20 | 0.25 | 0.30 | 0.35 | 0.40 | 0.45 |
| 試験管Aに残った物質の質量〔g〕 | 3.60 | 3.46 | 3.34 | 3.20 | 3.25 | 3.30 | 3.35 |

⑥ 炭素粉末0.45gで実験を行った後，試験管Aの中に残った物質をとり出した。
その後，とり出した物質を，**図3**のように水の中に入れてかき混ぜ，水面に浮いている黒い物質を流したところ，ビーカーの底には赤色の物質が残った。
この赤色の物質をとり出して乳棒で強くこすってみると，金属特有のかがやきがみられた。
なお，酸化銅4.00gに対して，炭素粉末の質量0.15gから0.30gまでかえて行った実験では，試験管Aの中に残った物質をとり出し，**図3**のように水の中に入れてかき混ぜても，水面には黒い物質は浮いてこなかった。

**図1**

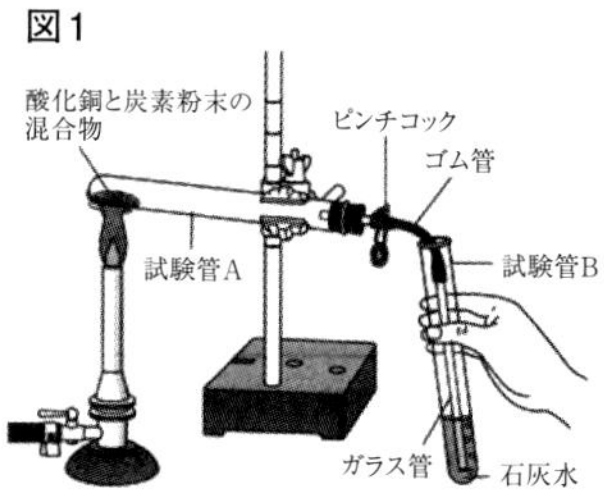


**図2**

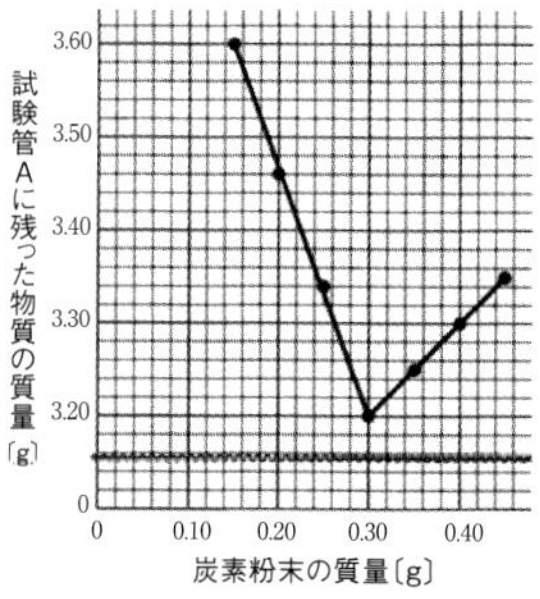


**図3**

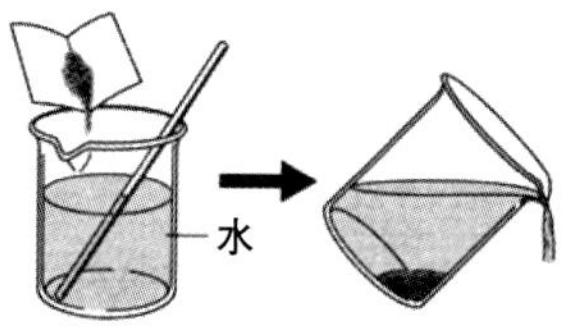


（1）**実験**の②で発生した気体は何か。**化学式**を書きなさい。

（2）銅原子を●，酸素原子を○，炭素原子を●で表すと，加熱した試験管Aの中で起きた化学変化はどのように表すことができるか。次の**ア**～**エ**のうちから最も適切なものを一つ選び，その符号を書きなさい。

（3）**実験**の⑤において，酸化銅4.00gに対して反応させる炭素粉末の質量が0.30gを超《こ》えると，試験管Aの中に残った物質の質量が一定の割合で増加しているのはなぜか。その理由を簡潔に書きなさい。

（4）この**実験**で還元された物質は何か。その名称を書きなさい。

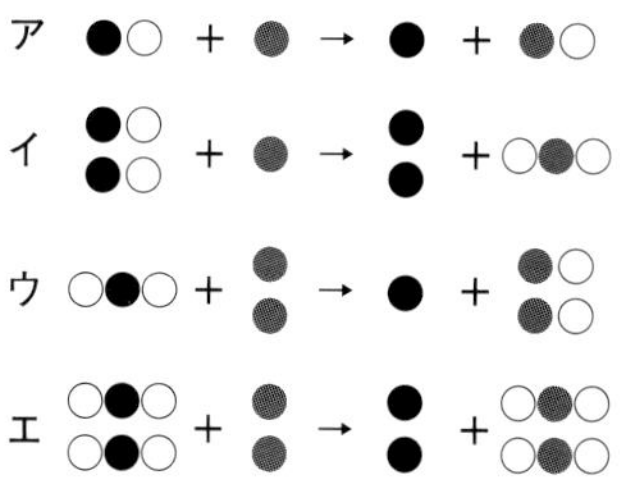


**解説**

これは、炭素による酸化銅の還元に関する問題で、銅の酸化とともに入試において最もよく取りあげられる内容の1つです！

じゃあ、ちゃんと覚えなきゃ！

（1）、（2）酸化銅に炭素粉末を混ぜて加熱すると、炭素が酸化銅に含まれている酸素を奪い取り、二酸化炭素になります。このように、酸化物から酸素が離れる化学変化を「還元」といいます。炭素による酸化銅の還元の様子をモデルと化学反応式で表すと次のようになります。

酸化銅　＋　炭素　→　銅　＋　二酸化炭素

$2CuO + C \rightarrow 2Cu + CO_2$ ……実験②

そうそう、還元ね！

（3）図2のグラフと「酸化銅4.00gに対して、炭素粉末の質量を0.15gから0.30gまでかえて行った実験では、…、水面には黒い物質は浮いていなかった。」という実験結果から、酸化銅4.00gに対して炭素粉末0.30gが過不足なく反応し、4.00gの酸化銅すべてが還元されて3.20gの銅になったことがわかります。したがって、0.30gを超えたぶんの炭素粉末は、反応の相手方である酸化銅がなくなっているため、そのまま未反応で残ることになります。このことは、表において炭素粉末の質量が0.30gを超えたぶんと試験管Aに残った物質の質量の増加分が等しいことからも確かめられます。

（4）上の式やモデルで示されているように、酸化銅から酸素が離れて炭素に結合していますから、炭素が酸化され、酸化銅が還元されたことになります。

**【正解】**

**（1）$CO_2$　（2）イ　（3）酸化銅4.00gに対して炭素粉末0.30gが反応に使われ、未反応の炭素粉末の質量分だけ増加していくため。　（4）酸化銅**

**5** 電源装置と電熱線を接続して回路をつくり，電熱線に加える電圧を変化させて電熱線に流れる電流の大きさを測定する実験と，電熱線の水の入った発砲ポリスチレンのカップの中に入れ，電圧を加えたときの水の温度の変化を調べる実験を行いました。問1～問4に答えなさい。

**実験1**

**図1**の回路を使い，電気抵抗の大きさのわからない電熱線に加える電圧を0V，1.0V，2.0V，3.0V，4.0V，5.0Vと変化させ，電熱線に流れる電流の大きさを測定した。下の**表**は，測定した結果をまとめたものである。

**表**

| 電圧(V) | 0 | 1.0 | 2.0 | 3.0 | 4.0 | 5.0 |
|---|---|---|---|---|---|---|
| 電流(mA) | 0 | 105 | 190 | 300 | 410 | 495 |

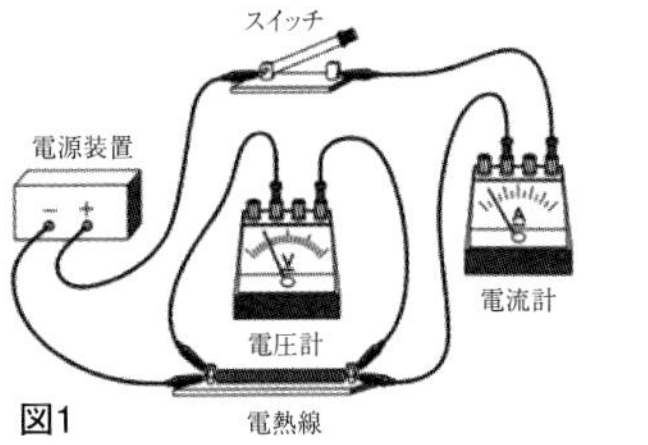

図1

**実験2**

抵抗の大きさが1Ωの電熱線および4Ωの電熱線を使って，図2，図3のような回路をつくった。発砲ポリスチレンのカップ**A**～**カップD**には，同じ温度で同じ質量の水が入っている。それぞれの回路全体に2.0Vの電圧を同じ時間加えて，カップ内の水をかき混ぜてから水の温度を調べた。

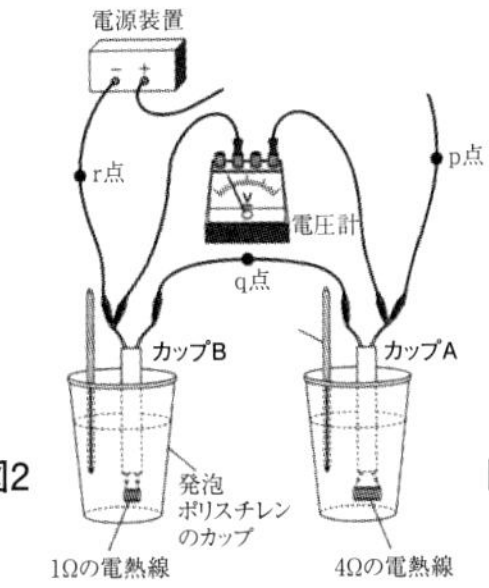

図2

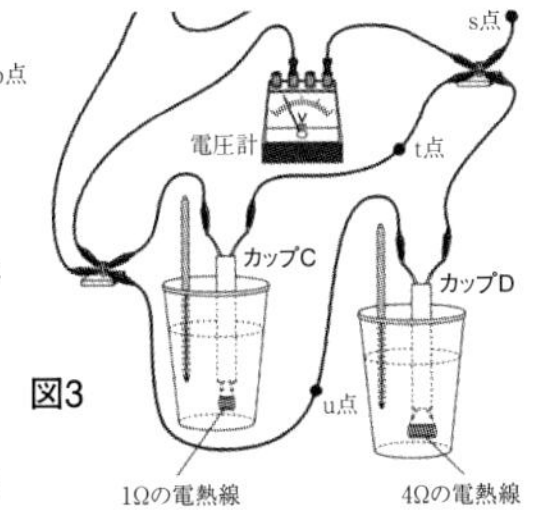

図3

**問1**　**実験1**の**表**をもとに，測定値を•で表し，電熱線に加えた電圧と電熱線に流れる電流の関係を表すグラフを三角定規を用いて実線でかきなさい。また，電熱線に加えた電圧と電熱線に流れる電流の大きさにはどのような関係があるか簡潔に書きなさい。

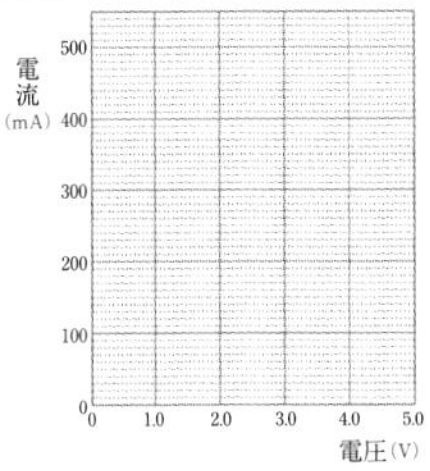


**問2**　**実験1**の結果から，**図1**の電熱線の抵抗の大きさに最も近いものを，次の**ア**～**オ**の中から一つ選び，その記号を書きなさい。

**ア**　0.01Ω　　**イ** 0 .1Ω　　**ウ**　1Ω　　**エ**　10Ω　　**オ**　100Ω

**問3**　**実験2**について，次の（1），（2）に答えなさい。

(1)　**図2**のように，電源装置と2つの電熱線が1本の道筋でつながっている回路の名称を書きなさい。また，**図3**のように，電源装置と2つの電熱線が枝分かれした道筋でつながっている回路の名称を書きなさい。

(2)　次の表は，**図2**および**図3**の回路を流れる電流の大きさの関係をまとめたものです。表中の4つの［　　］に「+」または「=」を入れて，関係を表す式を完成させなさい。
ただし，**図2**のp点，q点，r点を流れる電流の大きさを$I$p，$I$q，$I$rとし，**図3**のs点，t点，u点を流れる電流の大きさを$I$s，$I$t，$I$uとします。

| 図2の電流の大きさの関係 | 図3の電流の大きさの関係 |
|---|---|
| $I$p［　　］$I$q［　　］$I$r | $I$s［　　］$I$t［　　］$I$u |

**問4**　**実験2**の**カップA**～**カップD**の水の温度が高くなった順に並べ，**A**～**D**の記号で書きなさい。また，そのような順になった理由を，数値を用いて説明しなさい。

# 解説

**問1**～**問3**は電流に関するごく基本の問題ですが、問4は解答のように数値を用いて説明するためには、オームの法則や電力に関する公式を使いこなせなくてはいけません。基本原理をよく理解した上で類題をしっかり練習しておく必要があります。　**問1**　グラフは原点を通る直線になり、「比例」の関係ですね。

問2はオームの法則を使って計算するのよね！

その通り！　オームの法則を使って、表の数値を用いて計算します。

**問3**（2）　図2のような直列回路では、回路のどの点でも電流の大きさは同じですね。また、図3のような並列回路では、枝分かれした電流の大きさの和は、分かれる前の電流の大きさや、合流した後の電流の大きさに等しくなります。

なんで、カップ内の水の温度が変わるんだ！？

**問4**　カップ内の水の温度上昇は、それぞれの電熱線が発生する熱量で決まり、発生する熱量は電熱線が消費する電力の大きさに比例します。そこで、電力をPとすると、P（W）=V（V）×I（A）ですから、それぞれのカップの電熱線に加わる電圧や流れる電流を求めて、電力の大きさを計算します。

〔ア〕図2は直列回路なので、全体の抵抗の大きさは1+4=5（Ω）。回路全体を流れる電流は$I=\frac{V}{R}=\frac{2.0}{5}=0.4$（A）。ここで、V=R×Iだから、電力=V×I=R×I2が成り立つので、カップA、Bの電熱線が消費する電力の大きさを、それぞれPa、Pbとすると、

Pa=4×0.42=0. 64（W）　Pb=1×0.42=0. 16（W）

〔イ〕図3は並列回路なので、各抵抗に加わる電圧が全体の電圧2.0Vに等しくなります。$I=\frac{V}{R}$だから、$P=V\times I=\frac{V^2}{R}$が成り立つので、カップC、Dの電熱線が消費する電力の大きさを、それぞれPc、Pdとすると、

$Pc=\frac{2.0^2}{1}=4.0$（W）　$Pd=\frac{2.0^2}{4}=1.0$（W）

＊各抵抗でオームの法則を用いて計算することもできます。

**【正解】**

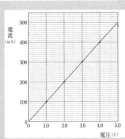

**問1 <グラフ>右図　　<関係>比例**

**問2 エ**

**問3 (1)<図2>直列回路　<図3>並列回路**

**(2)<図2の電流の大きさの関係>　$Ip=Iq=Ir$**

**<図3の電流の大きさの関係>　$Is=It+Iu$**

**問4 <水の温度が高い順>　C→D→A→B**

<理由>　それぞれのカップについて、電熱線が消費する電力は、Aが0.64(w)、Bが0.16(w)、Cが4.0(w)、Dが1.0(w)になる。消費する電力が大きいほど、発生する熱量は大きいため、水の温度は高い方からC→D→A→Bの順になる。

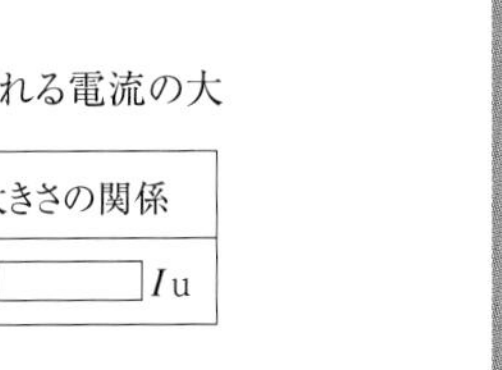

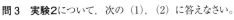

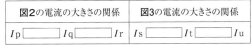

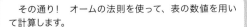

**2** 日本における森林の利用に関する次の文章を読み，あとの問いに答えなさい。 ※一部問題省略

古来より人間は森林を活用してきた。縄文時代の人々は（ a ）を造って島から島へと移動する高い航海技術を持っていたと言われる。日常器物の制作や燃料を得ることにとどまらず，巨大な建造物を建てるために，遠方から木材を運ぶこともあった。

木材を調達する範囲は広がっていき，鎌倉時代に再建された東大寺の建材は周防国より運ばれた。江戸時代には，各地の城の造営や大火の後の復興にも，木曽（ b ）や吉野（ c ）をはじめ全国の樹木が大量に使用された。①各地に特色のある集落が形成され，全国的に木材の需要が増えたことに対応して，植林が進められた一方で，森林の荒廃などの問題も発生するようになった。

明治時代には森林法が制定され，森林組合によって森林伐採や植林が進められた。その結果として，集落周辺の森林は燃料を得るための②広葉樹林と（ b ），（ c ），マツ等の針葉樹林へと変わっていくこととなった。従来は薪炭を基盤としてきた山村の人々の生活は，第二次世界大戦後，エネルギー源が石炭，さらに石油へと転換することで様変わりした。高度経済成長期に入ると，建築・パルプ用材の需要が増え，積極的な拡大造林政策がとられるようになり，③国有林・民有林ともに植林が進んだ。しかし，木材価格が高騰した 1960 年代には，④外在の輸入が急増し，木材の調達範囲は地球全体へと拡大していった。

現在の日本の国土における森林面積の割合は約（ d ）%と高いが，1970 年代には，地域開発が進むなかで，森林のレジャー施設やゴルフ場，住宅団地等への転用が著しく，⑤森林伐採による環境破壊が社会問題として取りあげられるようになった。そして，環境保全，自然保護の観点から植林や伐採のあり方が問われるようになった。

1980 年代には，⑥熱帯林の急激な減少・劣化が国際的な問題として認識されるようになり，良好な地球環境を保持するため，豊かな森林を育てることが世界共通の重要課題となった。1985 年は国連によって国際森林年と定められたが，現在も森林をめぐる問題は解決されておらず，2011 年も再び国際森林年と定められ，「（ e ）な森林管理・利用」のための様々な活動が行われることとなった。

**問9** 下線部⑥に関して，(1)，(2) に答えなさい。

下のグラフは森林の減少面積（2005年から2010年の年平均。単位：1000ヘクタール）を示したものです。また，下の文章はグラフ中のF～Iのいずれかの国の森林について説明したものです。

世界最大の（ i ）林を持つこの国では，「生産林」として（ i ）林が開発の対象となり，その減少が問題となっている。減少の最大の原因は（ ii ）の養殖池への転換で，その面積は年々拡大している。また，伐採された木材は，木炭に加工され，日本にも輸出されている。

(1) 文章に最も関係が深い国を，F～I から1つ選び記号で答えなさい。
(2) 文章中の空欄（ i ），（ ii ）に当てはまる語句を答えなさい。

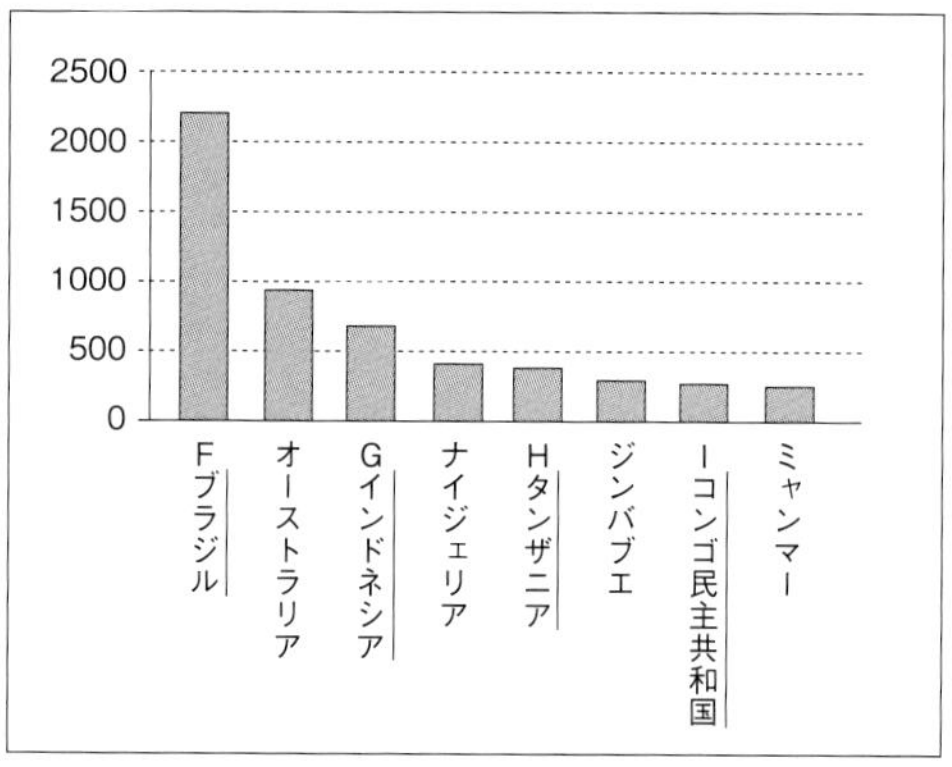


（統計局ホームページより作成）

## 解説

まずはこの問題から始めてみましょう。

うわ、いきなり開成の問題だ！

開成だからといって焦らずに、まずはしっかり問題文を読んでみましょう。問題文自体は、日本における森林利用を歴史的に振り返る文章で、地理的要素が強い問題ですね。そこから取りあげたのは、森林の減少についての文章を手がかりに、どの国の状況を説明したものかを判断する問題です。

日本で養殖されてる水産物といえば、カキやホタテ、ブリなどがありますね。この問題では、逆に日本に輸出される海外での養殖の代表例として、エビの養殖があり、さらにインドネシア、タイ、ベトナムなどの東南アジアの国々では、マングローブの森林がエビの養殖池に転換されていることを知識として持っているかがポイントです。

**【正解】(1) G**
**(2) i：マングローブ ii：エビ**

世界的な森林の減少についての問題は頻出ですが、その原因のうちの代表的なものはきちんと押さえておかないと、こうした問題を解くのは大変です。覚えていますか？

う～ん。人口が増えたからですか？

そうですね。世界的な人口の増加によって、それを支える食料を増産するために、森林が農地や牧草地に変えられています。代表的なものとしては世界最大の面積を持つアマゾン熱帯雨林（ブラジルなど）があります。もう1つわかりますか？

たくさん切るからなくなるんですよね。え～と…。木が必要だから？

その通り！ 燃料や製材に使うために木材は欠かせないので、その木材を輸出するためにどんどん森林が伐採されているんです。また、この問題に関連して覚えておいてほしいのは、インドネシアやマレーシアなどでは、パーム油の原料となるアブラヤシを栽培するための大規模プランテーション造成で、多くの熱帯林が減少しているということです。

**2** 次の問いに答えなさい。　※一部問題省略

図１は，新潟県上越市の一部を示した縮尺 1:25,000 地形図（縮尺等 一部改変）である。

**問２**　次の写真は，**図１**の「仲町六丁目」付近で撮影したものであり，家屋の前に雁木《がんぎ》とよばれる庇《ひさし》のようなものがつくられている。このようなものが設置されている理由を，下の雨温図を参考にして35字以内で説明しなさい。解答の際には春・夏・秋・冬のいずれかの語を必ず用いなさい。

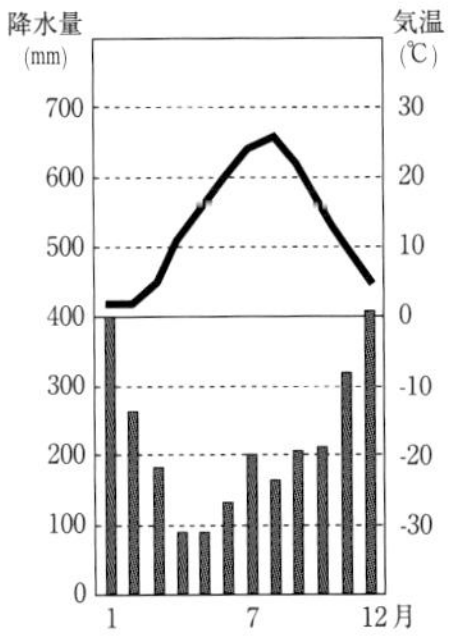

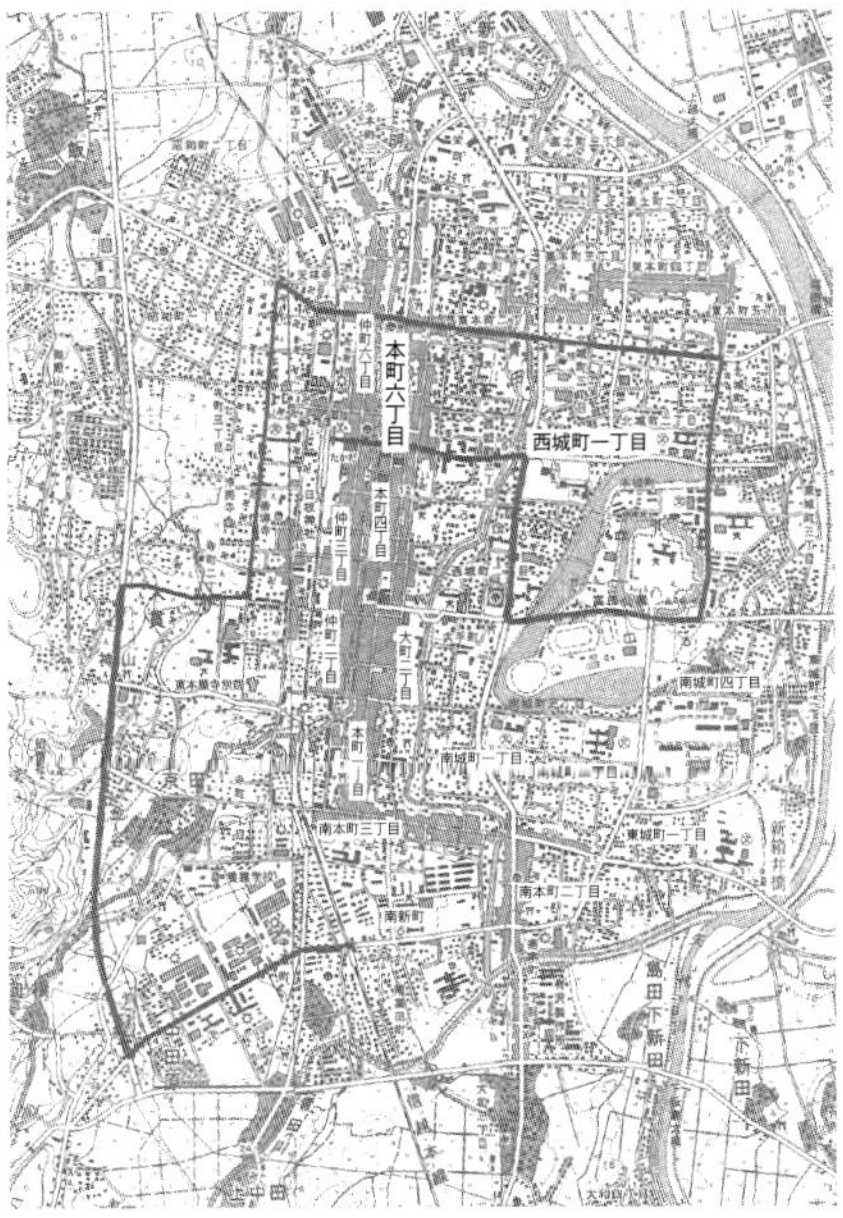


図１

**問６**　次の L～N のグラフは，図１の「本町」と図２（縮尺 1:50,000 地形図，縮尺等一部改変）の「山屋敷町」「春日山町」の３つの地区の 2011 年７月末における人口ピラミッドを示したものである。「本町」は「たかだ」駅前の商店の多い地区，「山屋敷町」は「上越教育大学」周辺の地区，「春日山町」は「かすがやま」駅の西に広がる新興住宅地区である。それぞれの地区の人口ピラミッドの組合せとして最も適切なものを，下の①～⑥のうちから１つ選びなさい。

| | L | M | N |
|---|---|---|---|
| ① | 本町 | 山屋敷町 | 春日山町 |
| ② | 本町 | 春日山町 | 山屋敷町 |
| ③ | 山屋敷町 | 本町 | 春日山町 |
| ④ | 山屋敷町 | 春日山町 | 本町 |
| ⑤ | 春日山町 | 本町 | 山屋敷町 |
| ⑥ | 春日山町 | 山屋敷町 | 本町 |

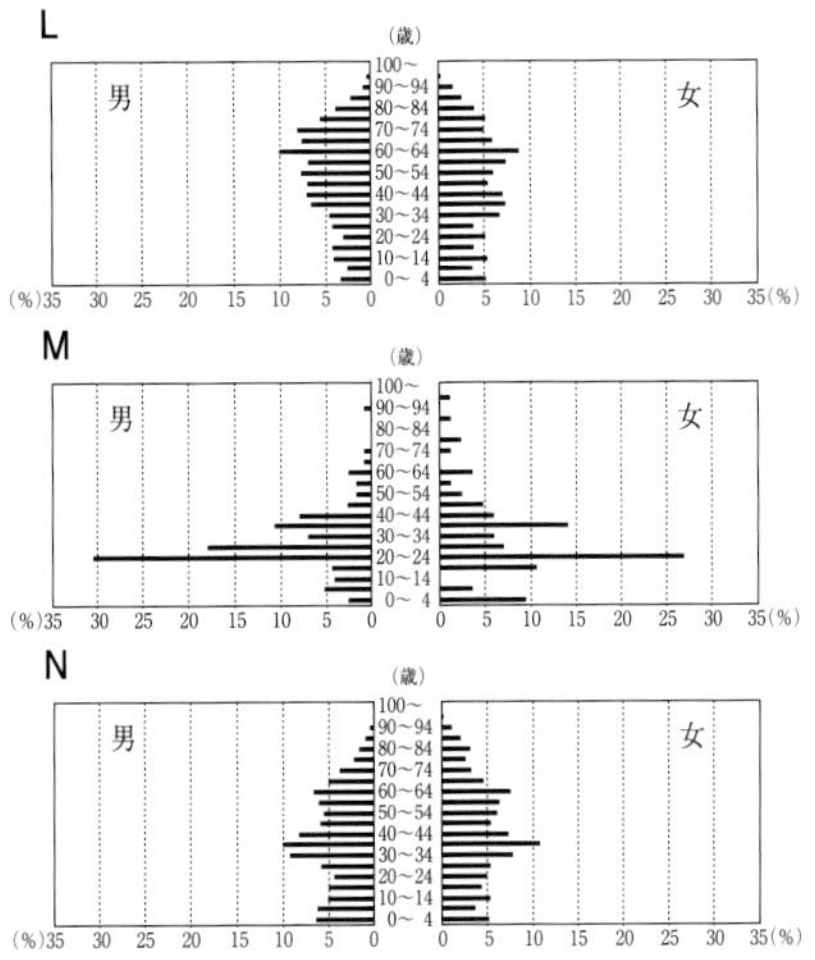


（上越市市民課資料より作成）

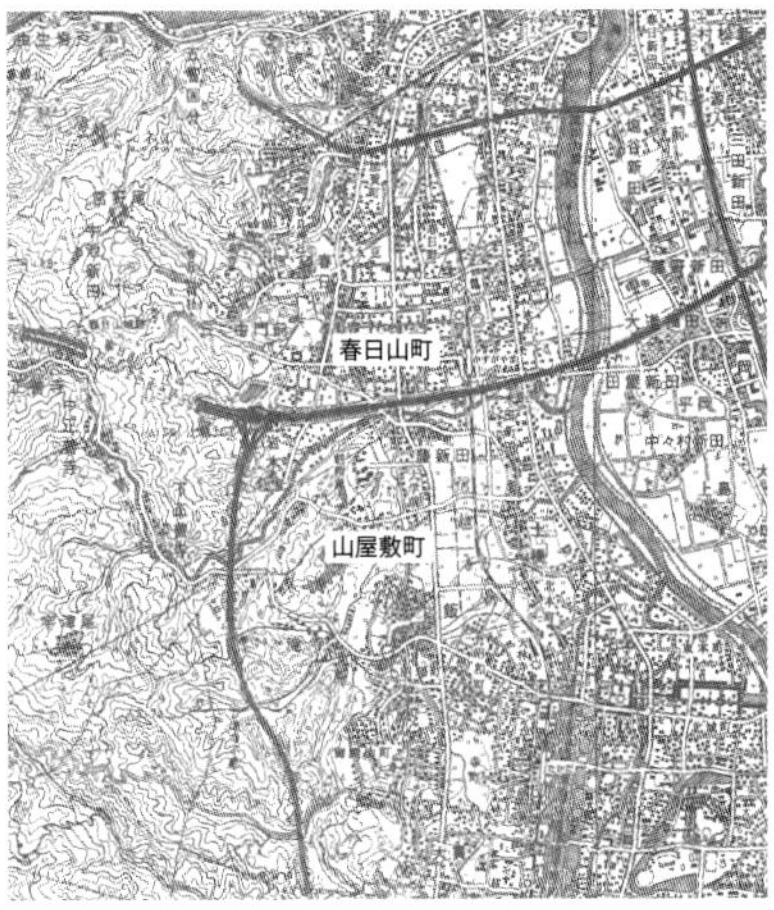


図２

## 解説

**問２**では、写真と雨温図を参考に、「雁木が設置されている理由」を答えることが求められています。

「雁木」って初めて聞きました。

多くの人がそうだと思いますよ。でも、こうした問題は、参考となる資料がポイントなので、それを読みこめば大丈夫。
まず、写真と問題文から「雁木」の設置部分がわかりますね。どこにありますか？

歩道部分です。

そうですね。そして、雨温図を見ると、１月、２月、11月、12月という「冬」の時期に降水量が多く、気温がかなり低くなっています。このことから、雪が多い地域だと考えられますね。
さらに、図１を見ると、この「仲町六丁目」は駅に近く街の中心部に位置していることもわかります。
では理子さん。こうしたことを考えあわせて、問題文の条件通りに解答してみてください。

人通りが多くて、冬には雪が積もってしまうから…。
**冬に雪が多く積もると歩道の通行ができなくなるので歩道を覆う雪を防ぐため**（35字）というのはどうでしょうか。

いいですね！
では**問６**です。これも知らない街のことですが、問題文や資料からちゃんと答えを導き出すことができるのです。
この場合のポイントはグラフです。数値のなかの「最高」や「最低」に着目してみましょう。

Lは60・70代、Mは20代前半の割合が高いよ。

Nは５～14歳までの割合が高いね。

では比較してみましょう。

え～と、LとNだと60代以上はLの方が割合が高くて、10代や30代はNの方が高いです。Mは、LやNに比べると20代前半の割合がとても高いですね。

よくできました。こうしたことから、まず20代前半の人が多いMは大学周辺の地域である「山屋敷町」だと考えられますね。さらにLとNの比較から、Nの方が30、40代前半と子どもの割合が高いので、Nが新興住宅地区の「春日山町」と言えるでしょう。

**【正解】**
**問６　①**

**6**　次の文章を読み，あとの各問に答えよ。　※一部問題省略

> 地球上には約70億人の人々が生活し，現在も世界の人口は増え続けている。しかし，(1)出生率と死亡率の差から分かる人口の変化は，先進国と発展途上国では異なっている。
> 人口の増減はさまざまな影響を及ぼすが，他の先進国と同様に，(2)我が国では，第二次世界大戦後の労働力人口の変化が，国内の経済活動に影響を及ぼしてきた。また，(3)人口分布の地域的な偏りが，地球規模においても，一つの国の中においても進んでいる。こうした人口分布の地域的な偏りは，人口の増減と同様に，人々の生活に影響を与えている。

〔問1〕(1)出生率と死亡率の差から分かる人口の変化は，先進国と発展途上国では異なっている。とあるが，下の**ア**～**エ**のグラフは，略地図中に**ア**～**エ**で示したそれぞれの国の，1950年から2010年までの出生率と死亡率の推移を示したものである。Iの文章で述べている国に当てはまるのは，略地図中の**ア**～**エ**のうちのどれか。

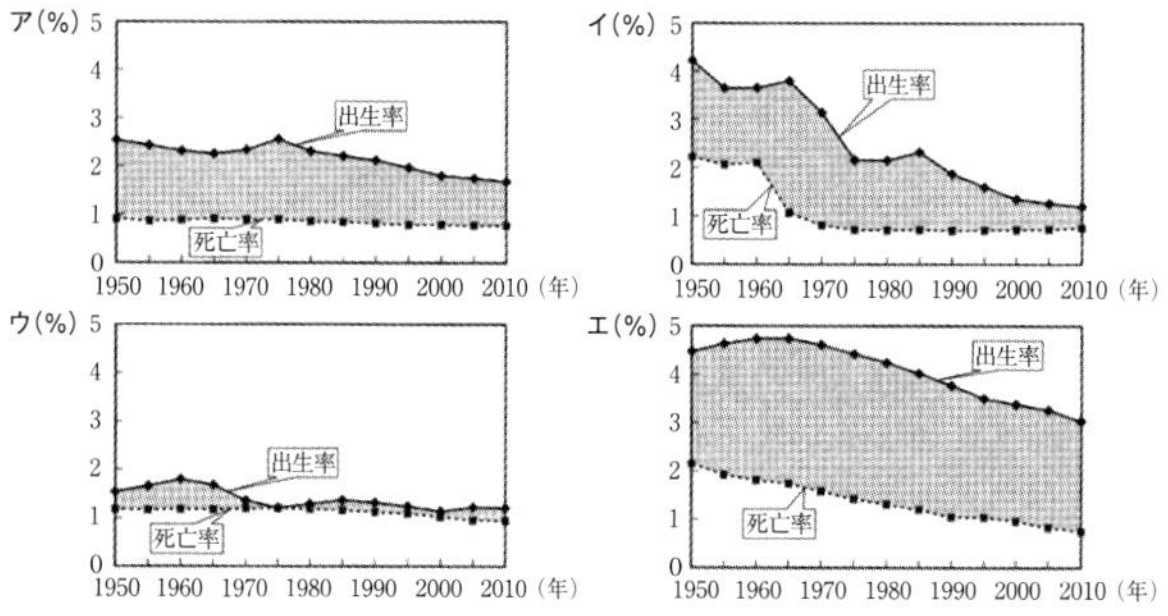


(国際連合のホームページより作成)

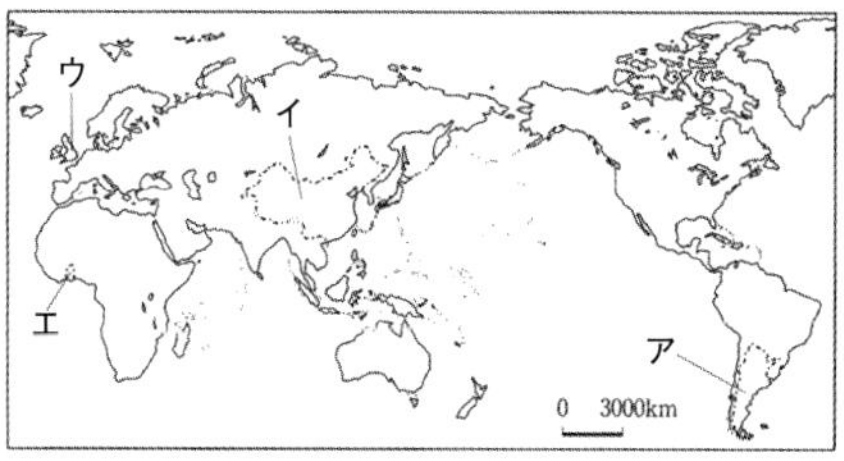


I

> 1960年以降，出生率と死亡率の差が2%を超えた時期もあり，爆発的な人口増加が懸念されていた。しかし，1970年代後半から人口抑制策を実施した結果，出生率と死亡率の差は減少傾向となり，少子化が進む国々と同様の様相を呈するようになってきた。

〔問3〕(3)人口分布の地域的な偏りが，地球規模においても，一つの国の中においても進んでいる。とあるが，次の表は，2010年における都市圏人口が世界上位3位までの都市について，その都市が位置する国の人口，その都市が中心となる都市圏の人口，その都市圏の人口が国の人口に占める割合について，1955年から2010年までの推移を示したものである。この表から読み取れる東京都市圏の人口の特徴を，国の人口の推移と都市圏の人口が国の人口に占める割合に着目し，他の2都市圏と比較して，簡単に述べよ。

| | | 1955年 | 1980年 | 2005年 | 2010年 |
|---|---|---|---|---|---|
| 日　本 | 国の人口(千人) | 90077 | 117060 | 127768 | 127176 |
| | 東京都市圏の人口(千人) | 13713 | 28549 | 35622 | 36669 |
| | 東京都市圏の人口の割合(%) | 15.2 | 24.4 | 27.9 | 28.8 |
| インド | 国の人口(千人) | 406374 | 700059 | 1140043 | 1224614 |
| | デリー都市圏の人口(千人) | 1782 | 5558 | 19493 | 22157 |
| | デリー都市圏の人口の割合(%) | 0.4 | 0.8 | 1.7 | 1.8 |
| ブラジル | 国の人口(千人) | 62880 | 121712 | 185987 | 194946 |
| | サンパウロ都市圏の人口(千人) | 3044 | 12089 | 18647 | 20262 |
| | サンパウロ都市圏の人口の割合(%) | 4.8 | 9.9 | 10.0 | 10.4 |

(注)都市圏は，中心都市と周辺都市を合わせたもので，東京都市圏には東京都，神奈川県，埼玉県，千葉県が含まれる。
(国際連合のホームページなどにより作成)

## 解説

次は都立高校の共通問題ですね。

略地図からア：アルゼンチン、イ：中国、ウ：イギリス、エ：ガーナと国名がわかりますが、ここでは必ずしもすべての国名がわかる必要はありません。資料Ｉの文章中の「出生率と死亡率の差が2%を超え」という部分と、「出生率と死亡率の差が減少傾向」から、イとエの2つに絞ることができますね。

そして、「1970年代後半から人口抑制策を実施」という部分でピンとくれば正解です。

??

わかった！「中国の一人っ子政策」ですね！

そうです。ここから、**正解はイ**だとわかりますね。

こうした問題では、資料やグラフを焦らずに読み、どれがどう当てはまるかを確認していく作業が大切です。

次は世界的と日本を絡めた問題ですね。東京都市圏の人口の特徴をとらえて述べることが求められます。

問題が長くてわかりづらいわ…。

そんなときは、表を参照しながら読むとわかりやすくなります。また、表を見るときにも、問題文の最初にある「人口分布の地域的な偏り」という部分を頭において見てみると理解しやすいですよ。東京学芸大附属の問題と同じように解いてみましょう。

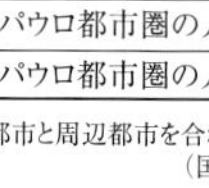

どの年度も東京の都市圏人口と、都市圏人口の割合が一番高いです。

比較してみると、インド、ブラジルは人口が増え続けているけど、日本全体では2005年からは減っているね。でも、東京も含めて3都市とも、人口や人口割合は増えているんだ。

そうですね。いま2人が言ってくれたことは大切なポイントで、ほかの2都市圏と東京の比較、また、デリーとブラジルの共通点などを見つけられるかがポイントになります。最後は「国の人口の推移と都市圏の人口が国の人口に占める割合に着目し」という条件から外れないようにまとめましょう。

**【正解】問1 イ　問3 解答例：東京都市圏は、他の2都市圏に比べ、いずれの年も人口が最も多く、人口の割合も最も高くなっている。また、2005年から2010年にかけて、日本は国の人口が減っているが、東京都市圏の人口は増えており、割合も高くなっている。**

**問6**　Kさんと Lさんは，現代社会の特色をあらわすいくつかの用語について調べてメモにまとめました。
Kさんのメモと Lさんのメモに関して，あとの各問いに答えなさい。　※一部問題省略

**Kさんのメモ**

> **「少子高齢社会（少子・高齢社会）」**
> 日本では，一人の女性が生涯に生む子どもの平均数が1950年には3.65でしたが，2010年には1.39になっています。また，1950年には59.75歳だった平均寿命は，2010年には83.02歳となっていて，①人口の年齢構成に大きな変化が生じています。このため社会保障のしくみや②財政の面では課題も生じています。

（ア）　――線①に関して，次の表は1950年，1970年，1990年，2010年の15歳未満，15～64歳，65歳以上のそれぞれの人口をあらわしたものである。この表から読みとれることとして最も適するものを，あとの1～4の中から一つ選び，その番号を書きなさい。

**表**

| | 15歳未満 | 15～64歳 | 65歳以上 | 合計 |
|---|---|---|---|---|
| 1950年 | 29,786,412人 | 50,168,312人 | 4,155,180人 | 84,109,904人 |
| 1970年 | 25,152,779人 | 72,119,100人 | 7,393,292人 | 104,665,171人 |
| 1990年 | 22,486,239人 | 85,903,976人 | 14,894,595人 | 123,284,810人 |
| 2010年 | 16,803,444人 | 81,031,800人 | 29,245,685人 | 127,080,929人 |

（総務省統計局国勢調査により作成）

1. 四つの年のなかで，それぞれの合計に占める15歳未満の人口の割合が最も高いのは2010年である。
2. 2010年の65歳以上の人口は，1950年の65歳以上の人口の10倍以上である。
3. 1990年において，合計に占める65歳以上の人口の割合は7%以上である。
4. 1950年において，15～64歳の人口は65歳以上の人口の10倍以上であるが，2010年においては2倍に満たない。

（イ）　――線②に関して，次のグラフは，平成22年度と平成23年度の日本の当初予算における歳入の内訳の割合をあらわしたものである。このグラフを用いて，平成22年度と平成23年度の歳入について共通して言えることを，あとの①～③の条件を満たして書きなさい。なお，その他収入とは税収，公債金以外の収入のことである。

**グラフ**

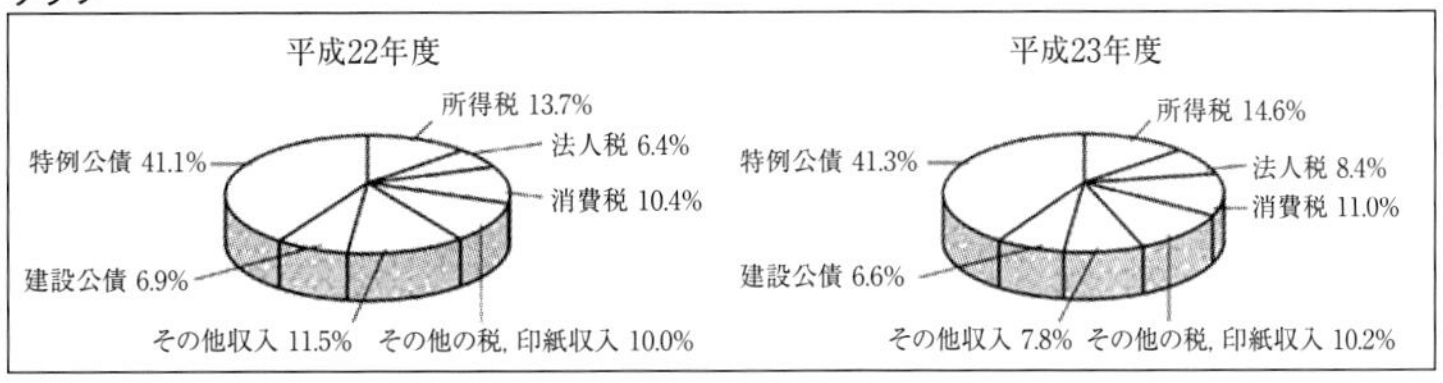


（財務省「日本の財政関係資料」により作成）
なお，平成23年度の百分率で示された数値は，四捨五入をしているため，合計が100%にならない。

①　**36字以内の一文**で書くこと。
②　**税金と印紙による収入の割合，借り入れ金による収入の割合**の2つの語句を必ず用いること。
③　句読点もそれぞれ1字と数え，必ず1マスに1字ずつ書くこと。（解答欄の行末のマスには，文字と句読点を一緒に置かず，読点は次の行頭のマスに書くこと。）

## 解説

最後は神奈川県立高校の共通問題です。いまの日本の社会問題の1つである少子高齢化社会についての問題ですね。まずは（ア）。一見面倒な計算を要求されているように見えますが、ここまでやってきたように、問題文や資料、選択肢をよく読めばそうではないことがわかります。では、暢宏くん、選択肢についてそれぞれ確認してみてください。

まず1は×です。そもそも少子高齢化なのに2010年の割合が一番高いのはおかしいし、計算するにしても、1950年と比べてみればすぐに違うのが確認できます。2も、実際に10倍してみればすぐに誤りだとわかります。3は7%を計算するのは面倒だなあ。

でも、考え方を変えればすぐにわかるんじゃない？全体の人口が123,284,810人だから、14,894,595人はその10%を超えていることがわかるので、7%以上よね。だからこれが正解だと思う。

**【正解】3**

理子さん、素晴らしいですね。7%より大きいことがわかればそれでいいので、わかりやすく計算する発想が出てくれば簡単に解けますね。では4が本当に誤りか確認してみましょう。

1950年は65歳以上の10倍以上というのはすぐにわかりますね。2010年は、数字がまぎらわしいので65歳以上を3000万人と仮にして計算しても2倍の6000万人より15～64歳の方が多いので、やっぱり×ですね。

では（イ）です。まずは問題文をしっかり読みましょう。平成22年度と23年度で「共通」する点を書くことが求められています。
また、条件に出てくる「借り入れ金による収入」というのが「公債」であるということをしっかり覚えておきましょう。ここまで来れば、あとは「税金と印紙による収入」と「借り入れ金による収入」をそれぞれ足して、それを条件に当てはめて文章にするだけです。では暢宏くん、やってみてください。

はい。22年度は「税金と印紙による収入」が40.5%、「借り入れ金による収入」が48%、23年度が44.2%と47.9%だから…。
**税金と印紙による収入の割合よりも、借り入れ金による収入の割合の方が高い。（36字）**
でどうでしょうか。

OKです。よく頑張りましたね！

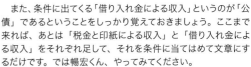

# 得点力UPのための学習法

## 1 授業を大切に

理科の授業は、ふだんは何気なく体験していることを、「なぜ」「どのようなしくみ」でそのようになるかを考え、自分なりの発見をし、納得して覚える最良の機会です。その意義を理解して授業に臨みましょう。そうして授業に向かえば、きっと理科の勉強の仕方も変わるはずで、受験が差し迫ってきてからたくさんの用語を無理やり詰め込む勉強とは、記憶の残り方で雲泥の差があります。理科がどうも苦手だと感じている人は、まず、ふだんの勉強をどのようにしているかを振り返ってみましょう。

## 2 弱点をつくらない

高校入試では、物理・化学・生物・地学の4分野がほぼ均等に出題されています。どの分野もバランスよく学習し、最後に追い込みがきくように、弱点を補強しておくことが大切です。

## 3 まとめノートをつくる

出題される内容も教科書のレベルを大きく超えることはありませんから、ふだんから少しずつ教科書をよく読んで章末の要点のまとめと問題を参考に「まとめノート」を作成していきましょう。

## 4 問題集を活用する

問題を解いてみて、わからないところは解答を読み、理解し、覚えていきます。それから、その周辺知識を固めるために、教科書の確認や「まとめノート」の整理・充実をしていきましょう。

ふだんの勉強方法とは方向が逆になりますが、自分の弱点を知って、短期間で得点力をあげるためには有効な方法です。また、問題を解くことで「なにがどのように問われるのか」を知ることができ、それまでに学習してきた知識がどう重要なのかに気付くことができます。

今回は、知識だけではなく計算問題を要する第一分野の問題を取りあげました。さまざまな実験が出てきますが、教科書を中心としてしっかりとした知識を身につけておくことが大切です。文中に書いてある内容を正しく理解し、表やグラフを読み取る力が必要になってきます。また、正確に計算できる練習もしておきましょう。

## グラフ、地図、表などの資料を使って答える問題のポイントを最後に整理しておきましょう。

1 最高点（または最低点）に着目しましょう。表でもグラフでも、最も高い数値や低い数値は必ず確認しましょう。

2 数値が増えているのか、減っているのか、途中で変化しているのか、といった全体の傾向をつかみましょう。

3 複数の資料を比べる際には、同様の傾向（共通点）や違った傾向が見られるところ（相違点）に着目しましょう。ときには問題文に「共通点（または相違点）を述べよ」とストレートに書かれていることも。

4 問題文や選択肢に着眼点となる条件やヒントが示されていることもあるので、流し読みしないようにしましょう。

最後に、**記述解答式問題の攻略ポイント**ですが、まず「なにを問われているか」を確認することが大切です。「理由」「原因」「共通点」など、問われていることがわからなければ正答にたどりつけないので、最初にしっかりと確認しましょう。このとき、字数制限、必ず使わないといけない語句など解答の条件チェックも忘れずに。そして、資料の比較が条件となっている場合には、主観的な表現を避け、数値が使えるときは数値で表現するようにしましょう。

例：×「かなり高くなっている」、「とても大きく変化している」、○「約2倍になっている」、「3分の1に減少している」

●芝公園からの通学路で

## 学校見学会

**7/21（土）**
**8/ 4（土）**
**8/25（土）**

■「学校紹介ビデオ」放映
■「模擬授業」
■「教育内容」説明
■「学校施設・設備」見学

◆ 14：00開始　◆申し込みが必要です。

## 学院祭（文化祭）

**10/ 7（日）・10/ 8（月祝）**

◆学院祭当日も、学校説明会を実施します。

**10：00 開会**

◆申し込みが必要です。

●見学会が終了後、個別の「受験相談コーナー」があります。

※「申し込み」は個人でお電話か、HPの「お問い合わせフォーム」よりお申し込み下さい。

※9月以降は学校説明会を予定しています。

■2012年3月・卒業生進路状況

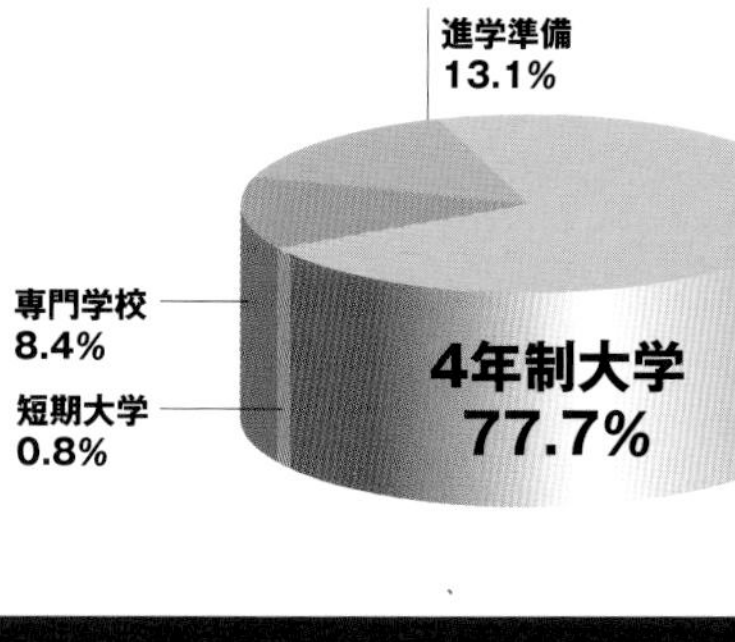


# 正則高等学校

●申し込み・お問い合わせ 03-3431-0913 ●所在地：東京都港区芝公園

**http://www.seisoku.ed.jp**

▶日比谷線・神谷町
▶三 田 線・御成門
いずれも徒歩５分
▶浅 草 線・大 門
▶大江戸線・赤羽橋
いずれも徒歩10分
▶南 北 線・六本木一丁目
▶J　　R・浜松町
いずれも徒歩15分

# 夏だ！読書だ！

# 入試によく出る著者別読書案内

もうすぐ夏休み！　今年の夏休みは、入試に出た本を読んでみよう！今回は、過去3年間の首都圏各校の入試問題のなかから、よく取りあげられた作家とその作品を集めて紹介するよ。同じ本がまた出題されるとは限らないけれど、楽しく読書をしながら入試出題レベルの文章に親しんで、国語力アップをめざそう！

### 風に舞いあがるビニールシート

文春文庫　¥543＋税

6つの物語からなる直木賞受賞作品「風に舞いあがるビニールシート」のなかの1物語･犬の散歩。

恵利子は、飼い主が見つかるまでの間、犬の世話をするボランティアのためにスナックでアルバイトをしている。そんな彼女の心情を淡々と描き、大切なものはなにかを感じさせせられる作品。

出題校　2010年度　開成

### わかりやすいはわかりにくい?

ちくま新書　¥680＋税

哲学的な発想で、常識とは違う角度から物事を考え読者とともに考える作品である。複雑化した社会のなかで、自らの言葉で考え、生き抜いていく力をサポートしている。

このほか、多摩大目黒、筑波大駒場、都立両国、千葉県共通問題など、著者の作品は数多く入試問題に出題されている。

出題校　2012年　共立女子第二

## 外山 滋比古　論説

とやま しげひこ　日本の英文学者、評論家、言語学者、エッセイスト。広範な分野を研究し多数の評論を発表している。

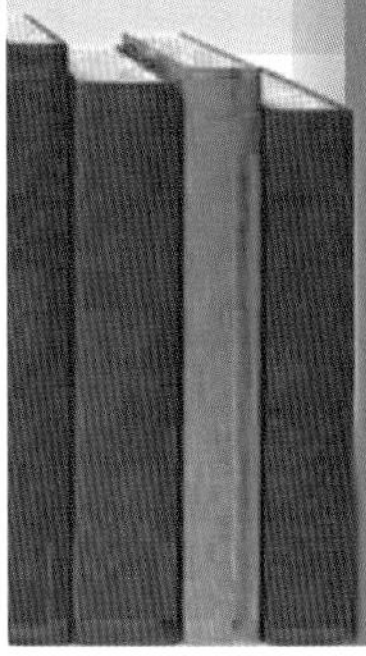

### 天国までの百マイル

朝日文庫　¥476＋税

バブル崩壊で会社や妻子を失った中年男、城所安男は、心臓病の母を救うために東京から天才心臓外科医のいる千葉県鴨川をめざして走る…。1マイルは約1.6㎞。つまり、「百マイル」とは東京から鴨川までのおよそ160㎞の距離を表している。映画にもなった親子の愛と男女のせつない恋を描く感動作は、東邦大学付属東邦で出題された。

出題校　2011年度　東邦大学付属東邦

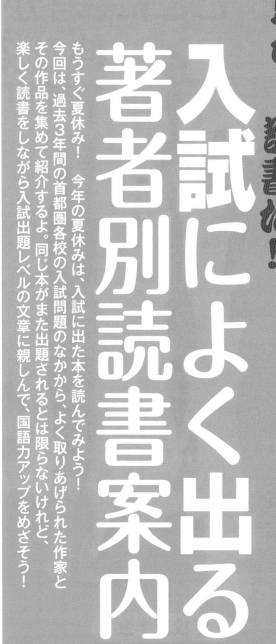

## 森 絵都 小説

もり えと　小説家。1990年に講談社児童文学新人賞を受賞し、翌年椋鳩十児童文学賞受賞。その後も多数の文学賞を受賞し、2006年には直木賞受賞。

### 架空の球を追う
文春文庫　¥419+税

少年野球チームの練習風景を描いた作品。コーチの指示に従い、一生懸命に白球を追う少年。その白球と我が子の将来を重ねて、練習を見守る母親たち。その思いがほのぼのとした情景と文章で表現され、読後の余韻が頭のなかでいつまでも続く作品である。

11編からなる短編小説の中の1つ。

出題校　2010年度　都立立川

## 鷲田 清一 論説

わしだ きよかず　臨床哲学・倫理学者。これまでサントリー学芸賞受賞、桑原武夫学芸賞、読売文学賞評論・伝記賞など多数。

### 「待つ」ということ
角川選書　¥1400+税

日常に溢れている「待つ」について書かれた作品。現代人は「待つ」という動作より、一刻も早く結論を出そうとする。そんな「待つ」という行為を臨床哲学の視点から考察している。メールを送ったのに、なかなか返事が来ない…。そんなだれもが経験したことがある「待つ」行為をこの本を読んで考えてみよう。

出題校　2010年度　都立西

### 思考の整理学
ちくま文庫　¥520+税

26年前に発行された作品で、いま読んでもためになる作品だ。タイトル通り、思考を整理することから始まる。考えることは自分にしかできない、しかもその考えたことは、他人の考えに触れてはじめて自分の考え方だとわかるのである。考えることの楽しさを教えてくれる、考えることを考える人になれる作品である。

出題校　2010年度　都立八王子東

### ことばの教養
中公文庫　¥571+税

時代や社会を背景に、ことばについていろいろな事象や著名人の書簡を交えて考えさせてくれるエッセイ。

座って話すのと立って話すのでは、立って話す方が、言葉の力が強い理由や読書の愉しみ方などがつまった作品だ。言葉の教養を高めたい人はぜひ一読してほしい。

出題校　2011年度　渋谷教育学園幕張

### 五郎治殿《ごろうじどの》御《お》始末《しまつ》
中央公論新社　¥1500+税

6つの短編からなる時代小説。明治維新後を舞台に、時代のうねりのなか、かつて武士だった男たちが自らの誇りを貫き懸命に生きる姿を描いた物語である。時代小説といっても難しくなく、どれも味わい深くおもしろい。読書と併せて幕末から明治の歴史も勉強してみるともっと楽しめる。早稲田実業では最初の「椿寺まで」から出題された。

出題校　2011年度　早稲田実業学校

## 浅田 次郎 小説

あさだ じろう　小説家。時代小説や娯楽性に重きを置いた大衆小説が多い。人情味のある作風が特徴。ドラマや映画化された作品も多く、『鉄道員《ぽっぽや》』では直木賞を受賞。

## 石田 衣良 小説

いしだ いら　小説家。青少年の姿を現代的な視点から描いた作品が多い。『4TEEN』で直木賞受賞。その他代表作は『池袋ウエストゲートパーク』・『下北サンデーズ』など。

出題校　2011年度　城北埼玉
2012年度　渋谷教育学園幕張

### 約　束

角川文庫　¥476＋税

親友を亡くした男の子、引きこもりの少年、不登校の少女など、苦しみを抱えた人々が運命と向き合い、再び自分の人生を歩き出す姿を鮮やかに描いた感動の短編小説集。城北埼玉と渋谷教育学園幕張両校で出題された「青いエグジット」は事故で片脚をなくした引きこもりの少年がダイビングを通して自立へ踏みだす物語。

## 堀江 敏幸 小説

ほりえ としゆき　日本の小説家、フランス文学者。現在、早大文学学術院の教授もつとめている。2001年『熊の敷石』で芥川賞受賞。その他多くの文学賞を受賞。

出題校　2010年度　県立柏陽・開成
2011年度　都立青山、県立多摩

### 未見坂《みけんざか》

新潮文庫　¥438＋税

著者の名作『雪沼とその周辺』に連なる作品として、田舎の小さな町に暮らす人々の日常を切り取り、静かに淡々と精緻な文章でつづった短編小説集。人物や風景の描写が細やかで見事。本書収録の「なつめ球」は都立青山と県立柏陽で、「トンネルおじさん」は県立多摩で出題された。また、開成では同著者の『正弦曲線』から出題。

## 本川 達雄 論説

もとかわ たつお　動物生理学を専攻とする生物学者。1992年発行の『ゾウの時間ネズミの時間』はベストセラーとなった。また、自作の歌を講義で歌うなど、「歌う生物学者」としても知られている。

出題校　2012年度　都立新宿、明治大学付属中野

### 生物学的文明論

新潮新書　¥740＋税

生物学的発想から現代社会の問題に向き合い、見つめなおすというユニークな内容の1冊。本の題名だけ見ると難しそうだが、サンゴ礁とリサイクル、生物の形とデザインの意味、生物のサイズとエネルギーなど、興味深い内容をわかりやすく説明してくれるので、専門的な知識がなくても楽しく読み進めることができる。

## 玄田 有史 論説

げんだ ゆうじ　経済学者、東大教授。ニート問題の第一人者として知られる。2005年より東大社会科学研究所を拠点に「希望学（希望の社会科学）」を研究している。

出題校　2011年度　神奈川県独自問題（共通）
2012年度　都立西

### 希望のつくり方

岩波新書　¥760＋税

現代は希望が持ちにくい時代だと言われている。では、そもそも希望とはなんなのだろうか。著者は、その答えを探すために「希望学」研究のプロジェクトを立ちあげた。その研究成果をまとめた全4巻の『希望学』（都立西出題）を、中高生をはじめとする10〜20代の若者向けに記したものが本書だ。

## 大好きな野球と勉強の両立が十分できた、充実した高校3年間でした。

子どもの頃からの教師になりたいという夢に向け、教育学部を志望しました。一般入試対策と同時並行しながら、公募推薦に向けての受験勉強は大変でしたが、マンツーマンでの小論文指導や、多くの先生方の協力を受けた面接対策などに助けられ、無事に合格できました。

高校時代は野球一筋でしたが、部活が忙しくて勉強時間が取れない分、時間の使い方が自分でも上手くなったと実感しています。何か悩みがあっても、一高の先生方は親身に相談に乗ってくれるし、十分両立できる環境が一高にはあります。

自分も将来、子どもたちの立場に立った指導のできる、一高の先生のような幅のある教師になりたいと思います。

2012年卒業生
横浜国立大学 教育人間科学部

**学校説明会** 場所：東京農業大学 百周年記念講堂

9 / 16 日 14:00～
11 / 11 日 14:00～
12 / 1 土 14:00～

**桜花祭〈文化祭〉** 入試コーナー開設

9 /29 土 10:00～
9 /30 日 10:00～

知耕実学

東京農業大学第一高等学校
〒156-0053 東京都世田谷区桜3丁目33番1号
TEL：03(3425)4481(代) FAX：03(3420)7199
http://www.nodai-1-h.ed.jp

## 「明るく、たくましく、さわやかな、明日の日本を担う青少年」の育成

SCHOOL EXPRESS

# 國《こく》學《がく》院《いん》大《だい》學《がく》久《く》我《が》山《やま》高等学校

東京都　私立　別学校

岡部《おかべ》 定征《さだゆき》校長先生

進路指導、学習指導に定評がある國學院大學久我山高等学校。2013年度から生徒募集要項・カリキュラムが変更され、独自の指導のもと3年間の教育体制が展開されていきます。

*School Data*

| | | |
|---|---|---|
| 所在地　東京都杉並区<br>久我山1-9-1 | 生徒数　男子969名、女子440名 | アクセス　京王井の頭線「久我山」徒歩12分 |
| | TEL　03-3334-1151 | URL　http://www.kugayama-h.ed.jp/ |

## 岩崎先生の教育理念が国学院久我山の根幹に

國學院大學久我山高等学校（以下、国学院久我山）の前身は、１９４４年（昭和19年）に岩崎清一先生が創立された岩崎学園です。岩崎先生は「青少年の教育こそ日本の将来にとって最も重要なものである」という信念のもとに、岩崎学園を創られました。

戦後の１９４９年（昭和24年）に岩崎学園から久我山学園と名称が変わり、１９５２年（昭和27年）に建学の精神の合致する國學院大學との合併があり、国学院久我山になりました。

国学院久我山の教育理念の根幹は、岩崎先生の思いが3つの箴言《しんげん》にまとめられた『学園三箴《さんしん》』。

一、忠君孝親
一、明朗剛健
一、研学練能

であり、國學院大學における建学の精神と合致します。

岡部定征校長先生は「岩崎先生とともに開校にご努力された佐々木周二先生は、先生がたと話し合われながら新しい時代に対応すべく『実践目標』を掲げられました。それが『規律を守り誇りと勇気をもって責任を果たそう』『たがいに感謝の心をいだき明るいきずなを作ろう』『たゆまざる努力に自らを鍛えたくましく生きよう』です。

本校は日本の伝統・文化を大切にし、『日本人の心』を柱としながら、新しい時代に向けて、『感謝・思いやり』の志から生まれる共存共生の社会貢献を考えた育成を今も昔も変わらず実践しております」と話されました。

### 体育祭

6月に校内の人工芝グラウンドで行われます。高校生約1400名の生徒たちが一堂に集い、学年対抗で競い合います。

## 男子部・女子部の共学的別学形式

国学院久我山では3学期制が実施されています。そのメリットについて岡部校長先生は「3学期制を通じて、生徒たちが自己反省できるチャンスを多くつくることが大切だと考えています。範囲の決められたなかで出題される中間試験や期末試験で、自分がどれだけ努力したかを判断してもらいたいのです。人と比べるのではなく、自分と比べてどこまで頑張ったかが大事なことです。生徒たちに、努力し耐えることを学んでほしいと思います」と語られました。

国学院久我山の特色は、男子部・女子部の共学的別学形式を行っていることです。男子は武道（剣道・柔道）が正課に取り入れられ、「鍛える力」と「さわやかさ」が修得されます。女子は能などの伝統的な所作や趣、茶道や華道を学ぶことにより、細やかな心遣いの美しさが身につけられます。

「本校はもともと男子校でした。学園創立40周年を契機に、１９８５年（昭和60年）から高等学校で女子生徒が入学しました。共学的別学形式にしているのは、当時の社会情勢を考えてのことです。女子の社会進出にあたって、女子には女子の特性があり、指導上にも男女それぞれの特性を考えた方がよいとの判断がありました。

また、指導に際しては、ある程度の基礎づくりをしっかりサポートしていかなければなりません。

男子の場合は、自学という方向を強く打ち出していかなければなりません。」（岡部校長先生）

## 生徒募集要項とカリキュラムの変更

2013年度（平成25年度）から生徒募集要項に変更があります。募集定員が「帰国生＝男子・女子若干名」「推薦＝男女50名」「一般＝男子約60名・女子約35名」になります。スポーツ推薦は一般入試の日程で行われます（推薦枠ではありません）。

「男子部は帰国生・推薦・一般を合わせたクラスが2クラスになり、1クラス43名、スポーツ選抜のクラスが1クラス46名で計3クラスの予定です。女子部は帰国生・推薦・一般を合わせたクラスが1クラス43名の予定です。

そして、来年度入学の高入生は、クラス編成が変わります。いままでは、高2の段階で中学から進学してくる一貫生と高入生をいっしょにしていました。しかし、来年からは一貫生と高入生を別にし、3年間を高入生独自の授業体制にします。したがって、2年次からクラスのなかで文系・理系のコースに分けます。」（岡部校長先生）

授業は1時限50分で、週6日制が実施されています。月曜〜金曜日まで6時限、土曜日が4時限です。ただし、1年生は週のうち1日7時限があり、高入生はさらにもう1日7時限（数学演習）が行われます。

### 久我山祭（文化祭）

9月の2日間、中学校といっしょに開催されます。毎年、「翔」「躍」「絆」「凛」といった1文字のテーマを決め、それに合わせた催しを行います。

## 講習が充実 進路指導にも細かな配慮

8時20分から10分間の朝読書が行われています。7時20分からの早朝講習（英・数）や高3生の放課後講習も希望制で実施されています。先生がたが問題プリントを配布して添削をするシステムもとられ、きめ細かな指導が展開されています。

夏期講習（希望制）は、各学年向けに講座が用意され、夏休みの前期と後期に分けて1週間ずつ行われています。また、高3男女の成績上位者には、御岳合宿講習（6泊7日）があります。夏休み前期には文系・理系、後期には理系を対象に行われ、生徒は早朝から夜遅くまで勉強漬けになります。語学研修では、高1生が夏休みに約3週間、イギリスでホームステイをしています。

進路指導については、1年次に國學院大學にある各学部の説明がされ、2年次に國學院大學と他大学の教授による模擬授業（各年1回ずつ）が行われます。大学の研修室訪問や卒業生による学部学科説明会も実施されています。

校内実力試験は高1〜高3で年2回行われ、外部模擬試験（高1＝年2回、高2＝年3回、高3＝年4回）

は校内で受験し、成績が記録されます。「本校では、生徒に『大学進学資料ノート』という冊子を配っています。実力試験や模擬試験の成績、センター試験の自己採点の点数などを一覧表にしています。卒業生のデータも分析していますので、志望する大学合格への判断基準が得られ、大学受験への貴重な道しるべになっています。國學院大學へは、校内評定の基準がクリアされれば、全員が受験資格を得られ、『優先入学推薦制度』を使って進学できます。法学部には他大学との併願もできる、大学入試センター試験利用の『有試験選抜』もあります。」（岡部校長先生）

## 自然を大事にした環境 施設・設備が整っている

国学院久我山では、高1の5月末に、御殿場にある国立中央青少年交流の家で3泊4日の集団生活が行われ、高入生は久我山生としての自覚が促され高校生活が始まります。

校内にはけやき並木の一本道とヒマラヤ杉がそびえ立ち、校舎や設備が自然と一体化しているのを感じさせてくれます。2008年にできた学習センターは、「自然との共生」がコンセプトです。建物の中央が吹き抜けになっていて、クリモタワー（筒状の塔）が立っています。これは、風などの自然エネルギーを利用して、校舎を夏は涼しく、冬は暖かく保つ装置です。整った教育環境のなかで、勉強に部活動に励む男女生徒のはつらつとした姿があります。

「将来に向かって着実な努力をしていこうという、ひたむきさを持った生徒さんに集まってほしいです。派手さはなくても、1つの凛としたものを持てる生徒さんが来てくれたらと思います。高入生は来年度から生徒募集要項とカリキュラムが新しくなりますので、詳しいことは学校へお問い合わせください。」（岡部校長先生）

### 修学旅行

高校2年生が毎年3月に4泊5日で九州を訪れます。長崎や熊本、鹿児島などを訪問し、戦争と平和について考えます。

### 高1研修会

5月末に、御殿場にある国立中央青少年交流の家で3泊4日、勉強から食事まで生徒たちはともに過ごします。

**平成24年度大学合格実績**　（　）内は既卒

| 大学名 | 合格者 | 大学名 | 合格者 |
|---|---|---|---|
| 国公立大学 | | 大阪大 | 1(0) |
| 北海道大 | 5(2) | その他国公立大学 | 16(6) |
| 東北大 | 4(1) | 国公立大合計 | 93(25) |
| 筑波大 | 4(0) | 私立大学 | |
| 埼玉大 | 1(1) | 早大 | 92(27) |
| 東大 | 5(2) | 慶應大 | 51(20) |
| 一橋大 | 3(3) | 上智大 | 61(21) |
| 東京工業大 | 6(2) | 東京理大 | 81(11) |
| 電気通信大 | 3(1) | 学習院大 | 14(4) |
| 東京医科歯科大 | 2(1) | 明大 | 117(21) |
| 東京外語大 | 2(1) | 青山学院大 | 64(11) |
| 東京学芸大 | 2(0) | 立教大 | 56(12) |
| 東京海洋大 | 3(0) | 中大 | 72(20) |
| 東京農工大 | 13(2) | 法政大 | 59(11) |
| お茶の水女子大 | 1(0) | 國學院大 | 73(1) |
| 首都大学東京 | 13(0) | その他私立大 | 501(67) |
| 横浜国立大 | 9(3) | 私立大合計 | 1068(226) |

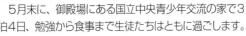

# 足立学園《あだちがくえん》高等学校

東京都

足立区

男子校

**School Data**

| | |
|---|---|
| 所在地 | 東京都足立区千住旭町40-24 |
| 生徒数 | 男子のみ992名 |
| TEL | 03-3888-5331 |
| アクセス | JR常磐線・地下鉄千代田線・日比谷線、東武スカイツリーライン、つくばエクスプレス「北千住」徒歩1分 |
| URL | http://www.adachigakuen-jh.ed.jp/ |

## 自ら学び　心ゆたかに　たくましく

### 大学合格に向けた手厚いサポート

建学の精神「質実剛健」「有為敢闘」のもと、80年以上の歴史と伝統を受け継いできた足立学園高等学校。確かな学力と生きる力を養成し、21世紀の社会を担う有為な人材を育成しています。

ほとんどの生徒が大学進学を希望している足立学園では、夢や希望を叶えるために、大学への現役合格をめざして挑戦していく生徒を1人ひとり徹底的にサポートしています。

学校生活は、十分な授業時間数を確保するために週6日・2学期制が取られています。2学期制のため定期考査は年に4回ですが、単元ごとに小テストを実施することで知識の定着を図っています。小テストでの点数によっては追試や補習を行い、できるようになるまで先生が徹底指導してくれます。

足立学園では「普通科」と、「普通科」をより高度にした「文理科」を設けています。カリキュラムの違いはないものの、「文理科」は進度や内容がよりハイレベルなクラスです。「文理科」へは受験の出願時に希望しますが、入試の結果によっては「普通科」から「文理科」への合格も可能です。また、1年から2年、2年から3年への進級時にも成績によって転科することもできるので、やる気のある生徒は目標を高く持って勉強ができます。

2年次から文系・理系に分かれて学級編成され、とくに3年次には進路に応じた多くの選択科目が用意されているので、希望進路や興味のある科目を選択することができます。これらの選択科目は少人数で行われることもしばしばです。生徒が必要であるならば、たとえ10人に満たなくとも講座が開かれているのです。10人未満の選択授業は毎年約30時間行われています。

また、大手予備校の模試や総合学習での大学研究、OB懇談会や勉強合宿、模試対策や希望者による0時限目（始業前）や7時限目（放課後）の講座など、学校や教員全体が一丸となった進路実現に向けたサポート体制が敷かれています。

生徒の学習に対する環境面においても、2007年に完成した地上6階・地下1階の新校舎は、蔵書数約3万冊を誇る図書館のほか、学ぶための施設が充実しています。しかも、震度7の地震がきても倒壊しないレベルで造られており、非常に安心できる空間となっています。

安全で充実した校舎と、夢の実現に向けて徹底的に付き合ってくれる教師陣の手厚い指導が実を結び、足立学園高等学校はいま、国公立をはじめとした難関大学への進学実績を年々伸ばしています。

# 国《こく》際《さい》学《がく》院《いん》高等学校

埼玉県
北足立郡
共学校

**School Data**

所在地　埼玉県北足立郡伊奈町小室10474
生徒数　男子378名、女子319名
TEL　048-721-5931
アクセス　埼玉新都市交通伊奈線ニューシャトル「志久」徒歩12分、JR高崎線「上尾」・JR宇都宮線「蓮田」スクールバス
URL　http://hs.kgef.ac.jp/

## 自らの世界を広げ、夢を実現する学校

### 広大なキャンパスと多彩なコースが魅力

国際学院高等学校は、埼玉県北足立郡の緑に囲まれた静かな環境のなかに、約6万8000㎡という広大なキャンパスを持つ学校です。

学校の敷地が広いだけではなく、まるで外国の建物のような西洋建築様式の各教室や図書館などのある本館と、講堂・体育館が入っているマコトホール、和風建築の礼法指導や茶道・華道の課外活動の場として使われる敦照殿や五葉之門など、さまざまな建築様式の校舎と最新の教育設備も魅力のひとつです。

国際学院は、1963年（昭和38年）に創立。以来、「誠実」「研鑽《けんさん》」「慈悲」「信頼」「和睦」の5つの言葉を建学の精神とし、それらの徳目を身につける「人づくり」教育を行っています。

カリキュラムの特徴は生徒1人ひとりに対応した多彩なコース制です。国際学院では、それぞれの希望する進路に応える4つのコースを設けています。

5教科を中心としたカリキュラムにより国公立大・難関私立大合格をめざす「特別選抜コース」。国公立大・有名私立大を目標とし習熟度別でカリキュラムを展開する「特別進学コース」。中堅私立大合格をめざしながら英検・漢検・数検・簿記・情報処理などのさまざまな資格を取得する「総合進学コース」。さらに、専門的なカリキュラムで卒業と同時に調理師免許を取得できる「食物調理コース」の4コースです。

### 埼玉県内高校では初のユネスコスクール認定

国際学院は2010年（平成22年）9月に、埼玉県内の高等学校では初のユネスコスクールとして認定されました。

ユネスコスクールとは、国際連合教育科学文化機関（UNESCO）の理念を学校現場で実現するために発足した共同体で、国際社会で活躍し、地球規模の諸問題に対処できる人材を育成します。現在、国際学院では文部科学省委託事業の「ESDプロジェクト」に参加し、さまざまな取り組みを通して国際理解教育を実施しています。

そのほか、留学生の受け入れやバンクーバーアイランド大学への語学研修、2年次にカナダの姉妹校を訪ねる研修旅行など、国際学院では、365日国際文化交流の機会があると言っても過言ではありません。

希望進路に合ったコース別のカリキュラムと、充実の国際理解教育により生徒の可能性を伸ばし、世界に貢献できる人を育む注目の学校です。

# 開智高等学校

## 新「開智高校」スタート

**埼玉県トップレベルの進学校「開智高校」が今年から、S類・D類の2類型となり、更なる躍進を目指し新たな学習・進学態勢でスタートした。**

### 271名の英才が入学

4月6日(金)に271名の希望に満ちた新入生を迎え、入学式が行われた。新入生は呼名されると一人ひとりがこれからの抱負や将来の夢を在校生、父母、教職員の前で誓った。「東大で学びたい」「開智に入学させてくれた両親ありがとう」「勉強も部活もがんばります」「一生懸命学び、社会に貢献したい」など271名のメッセージが会場一杯に響き渡った。

### 入学前の事前学習

開智高校は高校から入学する生徒が、中高一貫の生徒と同様に学力が伸びるようにと、入学手続きが終わると2月中旬から毎土曜日の午前中に授業を行った。

この授業は、知識を学ぶのでなく、どう考えるのか、どう学ぶのか、生徒同士での学びあいなど、開智が目指している本質的な学びに向けてのプレ授業である。

入学手続き日に渡された2つの問題「①A地点とB地点を往復するのに、開君は往きに時速6kmで歩いた。帰りに時速何kmで歩くと平均時速が3kmになりますか』「②C地点とD地点を往復するのに智君は往きに時速3kmで歩いた。帰りに時速何kmで歩くと平均時速が6kmになりますか」この問題は①は解けるが、②はどう答えるかが難しい問題だ。高校の数学への導入として解いてもらい、次の週に生徒たちに考え方、解き方を説明してもらった。

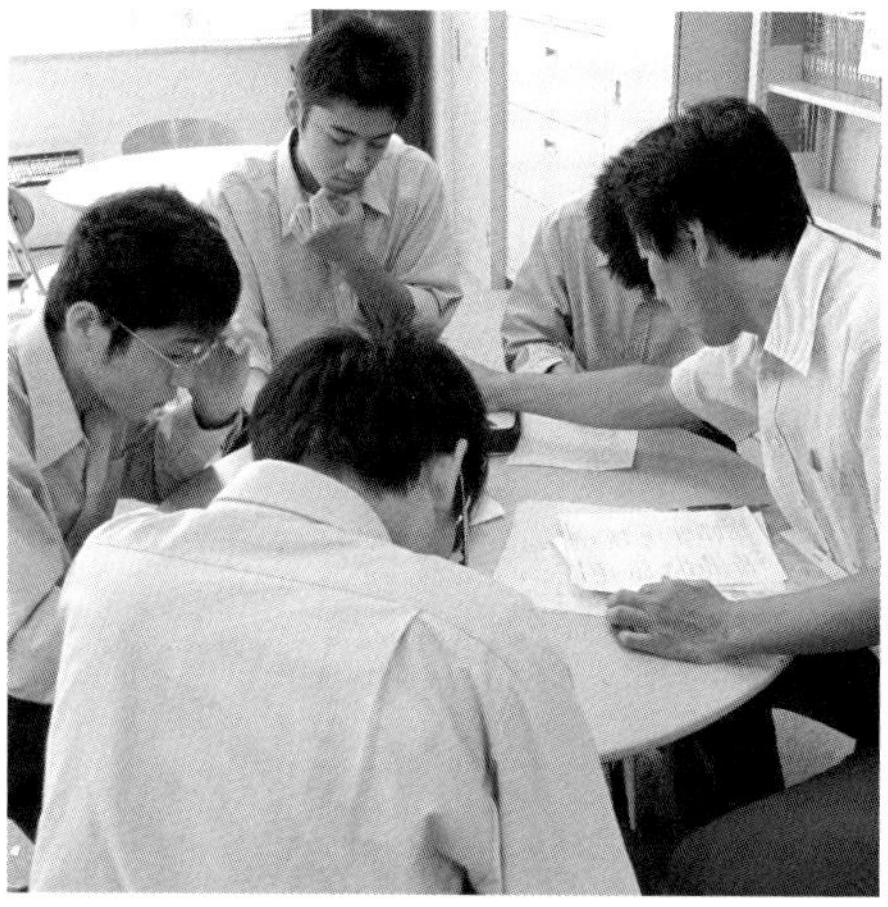

「探究」の事前授業では1時間目は「日本はなぜ欧米の植民地にならなかったのだろうか」という課題をグループで考え合ってもらい、グループごとに発表しあい、論議した。次週の2時間目に、1週間で新たに考えたこと、当時の歴史、産業などを調べわかったことなどを基に意見をまとめた。

このような事前授業を、国語では論理エンジンを中心に、数学、理科、社会、

**夏期学校説明会　予約不要**　所要時間約90分

| | | | | |
|---|---|---|---|---|
| 7月28日 | 土 | 10時00分～ | 13時30分～ | 質問コーナーを設け、個別の質問にお答えします。 |
| 8月25日 | 土 | 10時00分～ | 13時30分～ | |
| 9月 1日 | 土 | | 13時30分～ | |

**入試説明会・個別相談日程**

| 入試説明会　予約不要　所要時間約80分 | | | | 個別相談　予約制 |
|---|---|---|---|---|
| 10月20日 | 土 | 10時00分～ | | 10：00～16：30 |
| 10月27日 | 土 | 10時00分～ | 13時30分～ | 10：00～16：30 |
| 11月17日 | 土 | | 13時30分～ | 10：00～16：30 |
| 11月23日 | 金・祝 | 10時00分～ | 13時30分～ | 10：00～16：30 |
| 11月24日 | 土 | | 13時30分～ | 10：00～16：30 |
| 12月15日 | 土 | 10時00分～ | 13時30分～ | 10：00～16：30 |
| 12月23日 | 日 | 10時00分～ | | 10：00～16：30 |

・入試説明会はすべて予約不要です。上履き・筆記用具を持参してください。
・個別相談会はすべて予約制です。詳細は開智高等学校ＨＰをご参照ください。

英語それぞれが自ら考えて主体的に学ぶために「考え、学びあい、確認し合う学び」を行った。

**勉強も放課後の活動も欲張ろう**

開智は進学校だが勉強だけの学校ではない。月・木はどの学年も8時間目まで授業があるが、火、水・金・土は6時間目が終わると放課後は午後6時まで牛徒の自主的な活動の日となっている（十曜日は5時間目終了後）。

部活やサークル活動をする生徒、体育祭や文化祭の準備を何ヶ月も前からする生徒。何人かで教科の勉強をする生徒などさまざま。その後1・2年生は7時まで自習室で独習することができる。

**予備校いらずの高3受験勉強**

開智の高校3年生は、まさに大学受験一直線となる。6時間目に授業が終わると、毎日午後4時から7時まで、志望校別の大学対策講座が用意されている。「東大理系数学」「東大文系国語」「慶応長文英語」「難関国立物理」「早慶レベル世界史」「センター英語」「センター古典」「センター日本史」など、毎日10講座以上が開設されているから、予備校に行かなくても、4月から翌年の2月24日まで行われる無料の対策講座を受講すれば大学受験の準備は完璧である。

**指導力抜群の新着任教師**

この4月に着任した教師も実力派ばかりだ。国語のY教諭は東大を卒業し都内の進学校で教鞭をとっていたベテラン。数学のK教諭は東大の博士課程を修了し、東大の特別研究員として3年間研究生活を送りこの4月に着任。日本史のS専門教諭は東大卒業後、首都圏の進学校で東大に100名を越す進学者を送り出した大ベテラン。地理のK講師は東大大学院を終了し、有名予備校でも指導している若手のエース。このように開智の高等部には年々本格派教師が集まっており、今後の躍進が期待されている。

そこで、ずばり今年入学した生徒の3年後の大学進学実績の目標はと聞くと「一貫部と併せてですが、東大30名、東工大など難関国立大に50名、国公立合わせて200名、早慶に300名、国立医学部に15名」と青木校長が答えてくれた。

本質的な授業と教育を実践している開智の今後の躍進が期待できそうだ。

### 平成24年　大学合格数

| 国公立大学（　）は現役 | | |
|---|---|---|
| 大学名 | 合格者（499名卒業） | 高等部（275名卒業） |
| 東京大学 | 9(9) | |
| 京都大学 | 3(3) | |
| 北海道大学 | 3(3) | 2(2) |
| 東北大学 | 6(6) | 4(4) |
| 筑波大学 | 10(10) | 3(3) |
| 千葉大学 | 13(10) | 5(4) |
| お茶の水女子大学 | 3(3) | 3(3) |
| 電気通信大学 | 7(6) | 2(2) |
| 東京外国語大学 | 4(3) | 3(2) |
| 横浜国立大学 | 10(10) | 2(2) |
| 埼玉大学 | 27(26) | 23(23) |
| 福島県立医科大学（医学部） | 2(1) | 1(1) |
| その他国公立大学 | 52(45) | 28(25) |
| 国公立大学合計 | 149(135) | 76(71) |

| 私立大学（　）は現役 | | |
|---|---|---|
| 大学名 | 合格者（499名卒業） | 高等部（275名卒業） |
| 早稲田大学 | 148(129) | 42(35) |
| 慶応義塾大学 | 65(60) | 17(15) |
| 上智大学 | 61(56) | 22(17) |
| 東京理科大学 | 153(128) | 54(45) |
| 明治大学 | 153(136) | 46(38) |
| 立教大学 | 92(87) | 45(42) |
| 法政大学 | 73(65) | 51(43) |
| 中央大学 | 57(53) | 30(28) |
| 青山学院大学 | 37(35) | 14(13) |
| 学習院大学 | 23(18) | 14(10) |
| 計 | 862(766) | 335(286) |

| | | |
|---|---|---|
| 国公立大・医学部医学科 | 11(8) | 1(1) |
| 私立大・医学部医学科 | 31(25) | 2(2) |


開智高等学校
高等部（共学）
〒339-0004
さいたま市岩槻区徳力西186
TEL 048−793−1370
http://www.kaichigakuen.ed.jp/
東武野田線東岩槻駅（大宮より15分）徒歩15分

本気で伸びたいと思っている人だけ来てほしい
開智未来高等学校
〒349-1212
加須市麦倉1238
ＴＥＬ0280-61-2031
http://www.kaichimirai.ed.jp/

共学校

# 東京都立
# 西高等学校

## 「文武二道」「自主・自律」が自分で考える生徒を育てる

「文武二道」「自主・自律」を教育理念に掲げ、国際社会で活躍できる人材の育成をめざしている東京都立西高等学校。高校3年間で、その基礎となる知識と教養を身につけられる教育を展開しています。

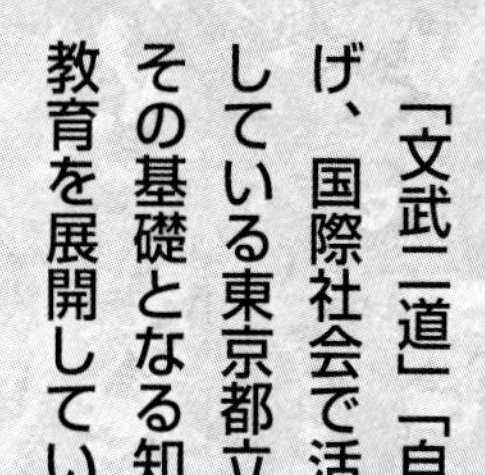

宮本《みやもと》 久也《ひさや》 校長先生

### 人間として成長するための経験が積める3年間

近年の都立高校の復権を力強く牽引する学校の1つ、東京都立西高等学校（以下、西高）は、１９３７年（昭和12年）、青山の地に府立第十中学校として創立されました。2年後の１９３９年（昭和14年）には新校舎完成に伴い、杉並区宮前の現在地に移転。その後、他の中学校との合併などを経て、１９５０年（昭和25年）に東京都立西高等学校へと名称が変わりました。現在の校舎は、１９９７年（平成9年）に全面改築されています。

２００１年度（平成13年度）から進学指導重点校に指定される一方で、２００６～２００９年度（平成18～21年度）には部活動推進校にも指定されています。

西高の教育目標について、宮本久也校長先生は「『文武二道』『自主・自律』という教育理念のもと、国際社会で活躍できるような大きな器の人間、リーダーを

## 記念祭（文化祭）

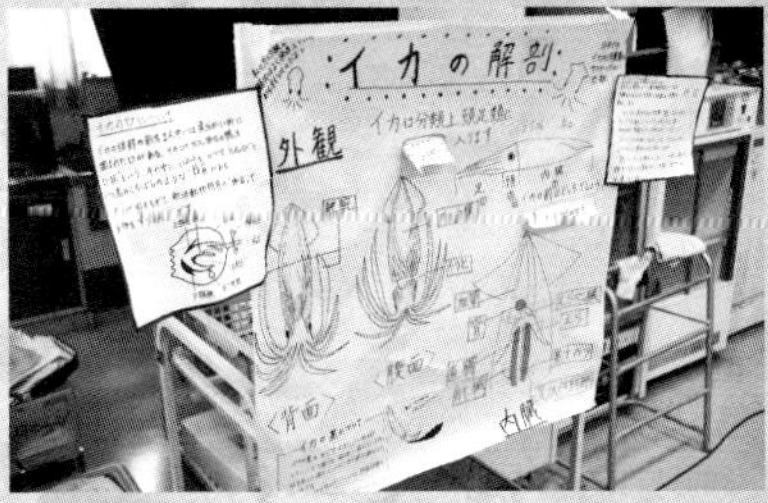

新校舎が完成した際に、新しい学校生活のスタートを記念して「記念祭」と名付けられました。実行委員が毎年テーマを決めて、そのテーマに沿ってさまざまな催しが行われます。

育てることを目標にしています。リーダーになるということは、単に勉強ができるだけではなく、大勢の人間をまとめていく、あるいは困難な状況を克服していくということも求められます。そういう経験は、勉強もしっかりやり、学校行事や部活動も積極的に行うことで得られます。進学指導重点校と同時に、部活動推進校にも選ばれていたのは、まさに『文武二道』を具現化していると言っていいのではないでしょうか。

また、『自主・自律』という面では、いろいろな場面で、自分たちで考えて、企画し、行動していくという精神が脈々と受け継がれています。校則も細かいものはありません。ルールではなくマナーとして、人として常識的な行動を、言われなくても取れるような人になろうということです。教師が『この行動についてどう思う？　それでいいの？』というような言葉を生徒に投げかけることで、生徒はそれを自分で考え、直していくのです。こうした指導は時間がかかりますが、これからもその考えは大事にしたいと思っています」と説明されます。

### 秋期考査の導入で定期考査が5回に

2学期制・週5日制の西高では、密度の濃い授業が1時限50分のなかで展開されています。月曜日から金曜日まで、6時限と7時限の曜日があり、1年生は週に3回（月・水・木）、2・3年生は週に2回（月・水）7時限が設けられています。

2学期制というと、一般的には授業時数を確保しやすいことがメリットとしてあげられる反面、前期の期末考査が夏季休業明けに実施されるために、それまで学習してきたことが定着しにくいという難点があります。

そこで西高では、前期の中間考査を5月末、期末考査を7月に行い、さらに夏季休業明けに校内実力試験を実施することで、学力を定着させ、中だるみを防いでいます。

これに加えて今年度からは、3学期制の学校が2学期の中間考査を行う時期に秋期考査を取り入れることになりました。これで、年間に5度の定期考査を実施することになり、授業時数を確保しながら、よりしっかりと生徒の学力の定着を図れるようになりました。

教育課程は、国公立大受験を視野に入れた6教科7科目対応型で編成されており、1・2年次は共通の履修科目により、幅広く基礎学力を養成。3年次に文系・理系のクラスに分かれます。文・理それぞれに必修科目に加え、自由選択科目があり、自分の希望する進路に合わせて選択できます。例年、文系と理系のクラスはほぼ同じ数になります。

## 運動会

企画・運営はすべて生徒たちの手によります。各学年８クラスを２つずつの４団に分け、縦割りのチーム編成とし、総合優勝を競います。

### 「授業で勝負」を合言葉に質の高い授業を展開

西高は「授業で勝負」が合言葉になっており、生徒と教員で創造する質の高い授業がどの教室でも展開されています。

さらに効率的に授業を進めるため、1・2年次の英語と数学、3年次の英語・国語・数学では、2クラスを3つに分ける習熟度別授業が行われています。

通常の授業を補う補習や補講は、制度化されたものはなく、生徒と教員の間で自然に生まれ、早朝や放課後に実施されているのも西高の特徴です。授業が終わったあとに、何人もの生徒が教師に質問する姿も日常的な光景です。職員室の前の廊下には机が置かれ、そこで教師が生徒に教える姿も一年中見ることができます。

さらに、進路指導室には今年西高を卒業したばかりの東大生3人、東工大生2人が、チューターとして毎日午後4時から6時まで在室。生徒たちの学習面や受験相談に応じてくれます。

夏期講習は、夏休み期間中に講座が開かれていない日はないという充実ぶりです。講座は全学年が対象で、2011年度（平成23年度）は計85講座が開講され、講習参加者は延べ1万1000人におよびました。1つの講座に希望者が多いときは、同じ講座が2～3つに分けて行われることもあります。

### 教養を身につける特徴的なプログラム

西高には、「教養」を身につけるためのさまざまなプログラムが用意されています。

「土曜特別講座」は、教師が講師になって開かれている講座です。対象は全学年で、希望する生徒が受講しています。大学受験に対応した講座などが開かれる一方で、保護者も参加できる教養的な講座が設けられているのが特徴です。昨年度は全部で26講座が開講されました。

「訪問講義」は、前期と後期の土曜日に1回ずつ行われます。西高の同窓会（西高会）の支援と協力のもとに、各界で活躍している卒業生を迎え、講義をしてもらいます。理系から2名、文系から2名という構成で、これも生徒と保護者を対象に開講されます。

「パネルディスカッション」は、1年生を対象にして毎年3月に行われます。卒業生がパネリスト（5名）とコーディネーター（1名）に分かれ、あるテーマについてディスカッションを行います。昨年度は『好きこそものの上手なれ』というテーマでした。

「大学に入るためだけの勉強をさせるのではなく、大学で伸びる生徒を育てたいと考えていますので、その一環として、

## 多様な学習サポート

土曜講座

夏期講習

8時まで開放されている自習室

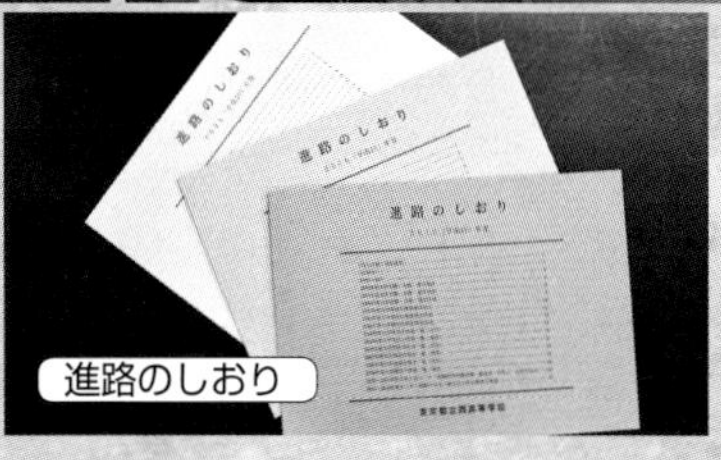


進路のしおり

図書室

大学生チューター

こうした取り組みを大事にしています。夏休みには校外学習で大学や企業の研究室訪問なども行っていますし、夏期講習でも、『源氏物語を読もう』『小説を味わう』といった教養的な講座を設けています。」（宮本校長先生）

### 計画的に行われる進路指導 学校独自の冊子を配付

進路指導の面では、計画的に3年間を過ごす指導が行き届いています。

1年次には、高校の教育課程や各教科の学習ガイダンスが書かれた「学習の手引き」という冊子が配られます。また、学年ごとに配布される『進路ノートⅠ～Ⅲ』には、先輩がたからのさまざまなアドバイスなどが掲載されています。3年生になると『進路のしおり』があります。ここには、過去の校内実力考査やセンター試験の成績と合格大学との関連を分析したデータが満載で、志望校決定の重要な資料になります。ほかにも「進路部だより」（全校生徒向け）や「進路部通信」（学年向け）も発行されています。

今春も東大をはじめ、難関大学に多くの卒業生を送り出した西高ですが、勉強ばかりをしているのではなく、学校行事や部活動に忙しく活動しながら、生徒それぞれが希望する進路を実現していくのが西高らしさなのです。

「なににでも旬がありますが、人間にも旬があります。高校3年間がその旬の時期です。ですから、生徒には時間を大事にして、勉強はもちろん、いろいろな体験をしてくださいと言っています。本校には、しっかりした目的意識を持ち、好奇心のある生徒さんに来ていただきたい。都立高校もそれぞれ特色がありますので、ぜひ本校に足を運び、学校や先輩を見て、自分の目で選んでほしいと思います。」（宮本校長先生）

**平成24年度（平成2012年度）大学合格実績** （ ）内は既卒

| 大学名 | 合格者 | 大学名 | 合格者 |
| --- | --- | --- | --- |
| 国公立大学 | | その他国公立大 | 31(22) |
| 北海道大 | 7(3) | 国公立大合計 | 209(111) |
| 東北大 | 5(4) | 私立大 | |
| 筑波大 | 4(1) | 早大 | 215(111) |
| 埼玉大 | 3(1) | 慶應大 | 114(60) |
| 千葉大 | 7(3) | 上智大 | 60(33) |
| お茶の水女子大 | 5(1) | 東京理科大 | 111(68) |
| 首都大東京 | 10(2) | 青山学院大 | 20(5) |
| 東大 | 24(15) | 中大 | 77(63) |
| 東京医科歯科大 | 1(0) | 法政大 | 21(12) |
| 東京外大 | 9(2) | 明大 | 169(103) |
| 東京学芸大 | 7(4) | 立教大 | 40(23) |
| 東工大 | 14(5) | 学習院大 | 5(2) |
| 東京農工大 | 20(10) | 国際基督教大(ICU) | 11(4) |
| 一橋大 | 31(20) | 津田塾大 | 12(3) |
| 横浜国立大 | 11(5) | 日本女子大 | 11(7) |
| 京大 | 15(12) | その他私立大 | 183(121) |
| 大阪大 | 5(1) | 私立大合計 | 1044(615) |

School Data

**東京都立西高等学校**

所在地
東京都杉並区宮前4-21-32

アクセス
京王井の頭線「久我山」徒歩10分

生徒数
男子571名、女子428名

TEL
03-3333-7771

URL
http://www.nishi-h.metro.tokyo.jp/

# 和田式教育的指導

## 夏休みは必ずスケジュールを立てよう

**夏休みに試される能力の1つに受験計画力があります。学校に通っているときと違って、自分で学習計画を立てなければなりません。この計画力が合否を分けることにつながります。有効な計画についてお話ししましょう。**

### 課題を発見してから自分に合った勉強を

夏休みをどのように使うかといえば、学校の宿題や塾の講習、宿題といった、漫然とした勉強をする人が多いと思います。

まず初めにすることは、勉強するための課題を発見することです。中3生になったときに、自分の行きたい高校に合格するためには、なにを勉強すればいいのかを把握するようにこれまで言ってきましたね。それと同じことが夏休みの勉強にも言えるのです。

いまの段階で、志望する学校の過去問をやってみると、あと何点とれば合格点に届くのか、こうしたことが読めてくるはずです。

どの教科が得意で、どの教科が苦手なのかもわかるはずです。これを判断するには学校の成績だけでは計れません。大切なことは、志望校の過去問を解いてみることです。そうすると、なにが足りないのかがわかってきます。

足りないことがわかってくる、つまり課題の発見ができたら、その課題の克服に向かって勉強していけばいいのです。

課題を明確にしないと、夏休みになんとなくこれをやろう、あれをやろうと無理な計画を立ててしまいます。また、1日のスケジュールを講習などで埋めてしまい、課題の克服とは違う勉強をしてしまう人もいますので、夏休みは自分に合った勉強を心がけてください。

### タイムスケジュールと60分の集中力維持

夏休みにいままでの勉強不足を取り戻そうとして、1日12～15時間の勉強計画を立てる人がいます。そういう人は心身の疲労が生じているので、最初の1週間ぐらいでギブアップしてしまうでしょう。

そうならないように、ここで必要なのが心身に無理のない実現可能な計画を立てることです。課題を発見したら、その課題に沿ったタイムスケジュールを作ってください。

勉強する集中力は、どんなに頑張っても大人で90分ぐらいしかもちません。高校の入学試験では1教科大体60分以内になっています。ですから、みなさんは60分を目安に、集中力を保てるようにす

ればいいわけです。

例えば、1日に勉強する時間割を、1コマ60分にして、午前中に3コマ、午後に3～5コマ終わらせるようにするのです。休み時間も必ず作ってください。

自宅学習の場合は、時間を管理することが大事です。学校や塾と違って、自分で1日の生活を管理し、運営するようにしなければなりません。つまり、自律することが求められるのです。

集中力を維持して、自分に合った勉強をしていくことは、夏休みが終わってから、2学期以降の学習にも求められます。

秋になり受験勉強の本番になってから焦らないためにも、いまから鍛錬しておきましょう。

## 週間のスケジュールを組み日曜日を予備日にしよう

1日の時間割を考えたら、次は週間スケジュールを組み立てることが必要になります。

夏休みは毎日が勉強で、ものすごく気の張った生活になります。そこで、私は日曜日を予備日にすることを提唱しています。

今週は英語の文法を整理して学習する予定を立てたとします。しかし、予定通りに進まなかった場合には、勉強の予定のない予備日の日曜日を使って、全体の調整をするという考え方です。

予定日の使い方としては、弱点を補強するために、6日間勉強したことの復習を予定日に当てることもできます。

やるべきことをぎっしりスケジュールに埋めてしまうと、復習する時間がとれなくなったり、予定が狂ったときには、夏休み中狂ったままになってしまう可能性があるのです。

もし、予定通りに勉強が進んだら、予備日の日曜日は遊んでも構いません。または、予備日の午前中に前の週の復習をして、午後は遊びに行くこともできます。復習にせよ遊びにせよ、日曜日は臨機応変に使うことが大事です。

長い休みを上手に使える人は、これから高校に入ってからも、時間を有効に使えることができるので、大学受験も楽になります。

タイムスケジュールの組み立て方など、受験計画をうまく立てることができれば、さまざまな場面でも時間を有効に使えるようになるでしょう。

## Hideki Wada

**和田秀樹**

1960年大阪府生まれ。東京大学医学部卒、東京大学医学部附属病院精神神経科助手、アメリカのカールメニンガー精神医学校国際フェローを経て、現在は川崎幸病院精神科顧問、国際医療福祉大学大学院教授、緑鐵受験指導ゼミナール代表を務める。心理学を児童教育、受験教育に活用し、独自の理論と実践で知られる。著書には『和田式　勉強のやる気をつくる本』(学研教育出版)『中学生の正しい勉強法』(瀬谷出版)『難関校に合格する人の共通点』(共著、東京書籍)など多数。初監督作品の映画「受験のシンデレラ」がモナコ国際映画祭グランプリ受賞。

教育評論家 正尾 佐の

# 高校受験指南書

Tasuku Masao

六拾八の巻

# 今年出たおもしろい問題1【国語】

今号から〈今年出たおもしろい問題〉シリーズだ。その第1弾は国語。「え？　前号も国語だったのに？」という声が聞こえるね。その通りなのだが、これには訳がある。

国語でおもしろいのは、古文の問題が多い。だが、古文は難しい。できるだけ早い時期から学習しなければ、なかなか力がつかない。だから、英語・数学より先に取りあげるのだ。

まず、開成高校の問題だ。

次の文章を読み、後の問いに答えよ。なお、文章中の「(=　)」はその直前の部分の現代語訳または注釈である。

人跡《じんせき》絶えたる山中に一宇《いちう》の堂あり。甍《いらか》破れては霧不断の香をたく境界《きやうがい》なれば、世にあらん人の昼だにも立ち寄るべきよしもなきに、[a]いかなる不《ふ》惜身命《しやくしんみやう》の行者(=修行僧)なれば、この仏閣には住めると、[1]あはれむ者も多かり。また、[2]悪性《あくしやう》の者あり。疑ひ思ふ、「あれほど恐ろしき処《ところ》に、なんとしてひとりは住まれん。ただ女房のある者よ」と、嵐《あらし》すさまじき冬の夜、立聞きをしけり。

かの僧、夜もすがらの語《ことば》に、[3]「そなたがゐればこそ、この寒夜にもあたたかなれ。いとほしの人や」と言ひけり。紛《まぎ》れもなき夫婦《めをと》にこそと、人[b]あまた押入りて見れば、何もなし。「坊主の愛せらるるものは何ぞ」と問ふに、「これなんは我が伽《とぎ》なり」と言つて、三升ほど入る大徳利をぞ出《いだ》しつる。

（『醒睡笑《せいすいせう》』による）

さあ、読み解いていこう。

・人跡《じんせき》＝人（の通った）跡（の）

・絶えたる＝無くなっている

・山中に＝（深い）山（の）なかに

・一宇《いちう》の堂あり一軒の堂（が）あった。

「人跡絶えたる」は四字熟語の「人跡未踏」と同じだね。『だれも入っていこうとしない深い山奥にお堂が1つ建っていた』という書き出しだ。

・甍《いらか》破れては＝屋根瓦（も）壊れて

・霧不断の香をたく＝霧（が）絶え間ない香をたく（ように立ちこめている）

・境界《きやうがい》なれば＝場所であるから

・世にあらん人の＝俗世間に住む人が

・昼だにも＝昼でさえも

・立ち寄るべき＝立ち寄れる

・よしもなきに＝すべもないので

「霧不断の香をたく」というのは、濃密な霧の様子をいう慣用句だ。そういう霧深い山のなかだから、昼間でさえも世間の人はだれひとり立ち寄れるわけもない、というのだ。

・いかなる＝どのような

・不《ふ》惜身命《しやくしんみやう》の＝（仏のためには）身も命も惜しまない

・行者なれば＝修行僧が

・この仏閣には＝このお寺に

・住めると＝住んでいる（のか）と

・あはれむ者も多かり＝感心する者も多かった

「いかなる〜なれば〜」は慣用句で、『どんな〜が〜だろうか』という疑問文だ。これは大学入試レベルの知識で、公立高校の入試問題なら注をつけるだろう。

さて、この後から問いが始まる。

問一　══a「いかなる」を適切な現代語に直せ。

「いかなる」は「いかなり（形容動詞）」の連体形。「いかが」とか「いかに」とか、「いか□□」は疑問の言葉だ。

**正解**　どのような（どんな）

問二 ――1「あはれむ者も多かり」とあるが、この人々の気持ちとして最も適切なものを、次のア〜オの中から一つ選び、記号で答えよ。

ア　誰にも知られないまま亡くなった僧を気の毒に思っている。

イ　命を削って仏に仕えても悟りを開けない僧に同情を寄せている。

ウ　人里離れて厳しい自然の中で修行を続ける僧に胸を打たれている。

エ　山の中でひとり風流な生活を送っている僧にあこがれを感じている。

オ　死んだはずの僧がお堂に今も住み続けていることを不思議に思っている。

「あはれむ」の意味を知っている人には易しいだろう。「あはれむ」は『同情する・かわいそうに思う・気の毒だと思う』などという意味だと思い込みがちだが、入試で問われる場合は、『心が打たれる・感動する・しみじみと感じる・じーんとする』という意味に決まっているんだよ。

**正解**　ウ

また、悪性《あくしやう》の者あり＝ほかに、性質《たち》の悪い人（たちが）いた

・疑ひ思ふ＝（その人たちが）疑いを抱いた

・あれほど恐ろしき処《ところ》に＝あれほど恐ろしい所に

・なんとしてひとりは住まれん＝どうして1人で住めるだろう（か）

・ただ女房のある者よと＝絶対に夫人が（いっしょに）いる人だよと（思って）

・嵐すさまじき＝嵐（の）激しい

・冬の夜＝冬の夜（にそのお堂に行って）

・立聞きをしけり＝立ち聞きをしたのだった

この修行僧に対して、疑いをもった連中がいた。「あんな所で、孤独に修行なんかできるはずがない。こっそり奥さんといっしょに暮らしているに違いない」と邪推する人々がいたんだね。

世の中には、立派な行いをする人に対して、疑念を抱く者が必ずいるものだが、この話も例外でない。しかも、ただ疑うだけでなく、それを確かめようとする者さえいる。

この話の疑い深い人々は、強風の冬の夜だというのに、わざわざ「昼だにも立ち寄るべきよしもなき」山中に分け入った。おそらく、悪天候の冬の夜なら大勢で行っても、行者に見つからないだろうとでも考えたのだろうね。

問三 ――2「悪性の者」とあるが、どのような点を「悪性」と言っているのか。具体的に説明せよ。

**正解**　立派な修行僧に対して、じつは修行どころか夫婦で楽しんで暮らしているに違いないと邪推を抱き、だれも行けないような山中に、わざわざ冬の強風の夜に、自分の疑いを確かめに行った点。

かの僧、夜もすがらの語《ことば》に＝その僧（が）、夜通し（つぶやいた）言葉として

・そなたがゐればこそ＝おまえがいるからこそ

普通科学校説明会　＊要予約

9月22日（土）13：30〜　桜鏡祭、個別相談
9月23日（日）10：00〜　桜鏡祭、個別相談
10月27日（土）10：00〜　授業・施設見学、個別相談
11月23日（金・祝）10：00〜　施設見学、個別相談
12月 1 日（土）14：00〜　施設見学、個別相談
12月 8 日（土）14：00〜　「入試の傾向と対策」、個別相談

普通科個別相談会　＊要予約

12月15日（土）14：00〜

音楽科学校説明会　＊要予約

9月 8 日（土）14：00〜
10月21日（日）10：00〜
11月11日（日）10：00〜

桜鏡祭（文化祭）
9月22日（土）・23日（日）
9：00〜16：00

普通科特別進学コースα・β／普通科総合進学コース／音楽科演奏家コース／音楽科器楽・声楽コース

上野学園高等学校

東京都台東区東上野 4-24-12　〒110-8642
TEL 03-3847-2201
http://www.uenogakuen.ed.jp/

・この寒夜にもあたたかなれ＝この寒い夜でも暖かいよ

・いとほしの人や＝かわいい人だなあ

・と言ひけり＝と言ったのだった

・紛《まぎ》れもなき夫婦《めをと》にこそ＝間違いなく夫婦で（いる）

・と、人あまた押入りて見れば＝と（思って）人が大勢で強引に入ってみると

・何もなし＝だれもいない

聞き耳を立てていたら、「おまえがいるからこんなに寒い夜でも暖かい。かわいい人だ」と修行僧がつぶやいた。てっきり夫婦が抱き合っていているとでも思ったのだろう、大勢の「悪性の者」がどやどやと堂内に押し入った。だが、だれもいない。

ここで問一の残りを片付ける。

問一　——b「あまた」を適切な現代語に直せ。

正解　大勢（＝たくさん）

さあ、話の結末だ。

・坊主の愛せらるるものは何ぞ＝坊さんのかわいがりなさるものはなんだ

・と問ふに＝とたずねると

・これなん我が伽《とぎ》なりと言って＝これが私の慰めだと言って

・三升ほど入る大徳利をぞ出《いだ》しつる＝（なかに）三升ほど入る大きな徳利を出した

これがこの話のおちだが、中学生の君たちにわかるかな？

「徳利《とっくり》」がどういうものか知らなければ、「イミ、フメーッ」と叫びたくなるだろうなあ。徳利は酒をいれる容器だ。銚子《ちょうし》とも言う。修行僧は、三升も入る大徳利（一升瓶3本分、5・4リットル！）の酒を囲《い》炉《ろ》裏で温めでもして、熱燗《あつかん》で飲んでいたのだろう。

凍えるような夜に、熱い酒が腸《はらわた》にしみて、酔いが廻るにつれて思わず「そなた」と呼びかけ、「いとほしの人や」とつぶやいたのだろう。それにしても、酒に向かって、「人」などと言えば、立ち聞きしていた連中が誤解するのも無理はない。

では、最後の問いをやっつけよう。

問四　——3「そなた」の指し示す内容を考えて、漢字一字で答えよ。

正解　酒

このような内容の古文を出題するのは、女子校ではありえないだろう。「酒の効用までは述べていないにしろ、さすがは伝統ある男子校ならではの問題だ」と寛容に微笑して済ませるか、それとも「いくら男の子の学校でも、独り身への疑いや飲酒をテーマにした滑稽話《こっけいばなし》を、中学生に理解せよというのは…」と呆《あき》れたり、非難したりするか、教員や保護者の方々の意見は別れるだろう。

同じ笑い話でも、慶應義塾の古文は、酒色とは無関係だが、開成以上に難しい。

次の笑話は江戸時代後期に作られた『落噺駅路馬士唄』（初編）に収録されている笑話である。二人の男が東海道を上る道中を宿場宿場にふさわしい笑話に仕立てたものである。（中略）

品川

たどり行くほどに、はや高[注1]輪に至りければ、海辺には、潮干[注2]の景色。右は御殿山[注3]の桜の香は、「これ一興ならん」と水茶屋[注4]へ二人は腰をうちかけて、煙草吸いながらいる折からに、身は墨染め[注5]の薄衣、子安観世音建立といふ幟《のぼり》[注6]を持ちて、この茶屋へ来たり。坊主、「もし、あなた様方へお願い申し上げます」と勧化帳を出だす。二人は取り上げて見る。勧化帳[注7]に記したを見るに、これは品川講[注8]中金百疋[注9]、高輪講中銀二朱[注10]、金杉[注11]、芝口[注12]裏、日本橋[注13]までそれぞれに書き記してあるのを見て、「もし坊さん、皆大概つかぬ町はなけれども、少しもないは田町九丁、なぜ頼まぬ」と聞けば、坊主、「仏作りますから」。二人の者、「なぜ」。坊主、「ハテ、ウ仏作って田町を入れません」

方便の嘘をつけたる勧化帳
おのが腹をば子安観音

注1　高輪　現在の東京都港区南部の地名。江戸時代は白金・白金台から品川・大井のあたりまでも含めて呼ばれた。

注2　潮干　潮のひいた海岸。

注3　御殿山　現在の東京都品川区北品川あたりの地名。桜の名所で品川沖に面している。

注4　水茶屋　江戸時代、道端や寺社の境内などで湯茶を飲ませて往来の人を休息させた店。

注5　墨染め　墨汁で染めること。また、そのような黒い色。また鼠色。

注6　幟　旗の一種。細長いもので、軍陣や寺社、また船首などに標識として用いる。

注7　勧化帳　僧侶などが寺の堂塔や仏像の建立などのため、信者に勧めて出させた金額などを記した帳面。

注8　講中　仏教の信者が集まり仏の得を賛美する法会のメンバー。

注9　疋　銭を数える単位。十文の称。銭一貫文が百疋にあたる。

注10　朱　貨幣の単位。一両の十六分の一。

注11　金杉　現在の港区東部の地名。

注12　芝口裏　現在の港区東部の地名。北は新橋、南は品川に接する。

注13　日本橋　現在の東京都中央区にある橋。東海道など五街道の起点。

問題文を読み解いていこう。

・たどり行くほどにはや高輪に至りければ＝たずね行くうちにもう高輪に着いたところ
・海辺には、潮干の景色＝海辺には、潮の引いた（海岸）の風景（が見え）
・右は御殿山の桜の香は＝右側は御殿山（で、そ）の桜の香りは
・「これ一興ならん」と＝「これはちょっとおもしろいだろう」と
・水茶屋へ二人は腰をうちかけて＝水茶屋へ（寄って）二人は腰をかけて
・煙草吸いながらいる折からに＝たばこ（を）吸いながらいる（と）ちょうどそのとき
・身は墨染めの薄衣＝身体（に）は黒く薄い衣（を着て）
・子安観世音建立といふ幟《のぼり》を持ちて＝「子安観世音建立」と記した幟を持って
・この茶屋へ来たり＝この茶屋に来た
・坊主、「もし、あなた様方へお願い申し上げます」と勧化帳を出だす＝僧（が）、「もしもし、あなた様たちへお願い申しあげます」と寄付帳を差し出す。
・二人は取り上げて見る＝二人は（寄付帳を）受け取って見る。
・勧化帳に記したを見るに＝寄付帳（に）記してある（の）を見ると
・これは品川講中金百疋＝これ（に）は品川（の）講（の）仲間（が）金（で）千文（を寄付）
・高輪講中銀二朱＝高輪（の）講（の）仲間（の）銀（で）二朱（を寄付）
・金杉、芝口裏、日本橋まで＝金杉、芝口裏、日本橋まで（の講の仲間が）
・それぞれに書き記してあるのを見て＝各自書き記してあるのを見て
・「もし坊さん」＝「もしもしお坊さん」
・皆大概つかぬ町はなけれども＝どれもたいてい（寄付に）加わらない町はないけれど
・少しもないは田町九丁＝すこしも（寄付をし）ない（の）は田町（の）九丁（だね）
・なぜ頼まぬ」＝なぜ（寄付を）頼まない（のか）」
・と聞けば、坊主＝とたずねると、僧（は）
・「仏作りますから」＝「仏像（を）造る（ための寄付金だ）からです
・二人の者、「なぜ」＝二人（が）「な


自分を育てる、世界を拓く。

■学校説明会　本校および後楽園キャンパス５号館
7/21(土) 14:00～　8/22(水) 11:00～
10/ 6(土) 14:00～　10/27(土) 14:00～
11/25(日) 11:00～
※いずれも申込不要

学校見学は随時受け付けております。ご希望の方は、お電話でご連絡下さい。

■公開行事　後楽祭（文化祭）
9/16(日) 10:30～15:00

「生徒会主催」学校説明会
11/17(土) 14:00～【完全予約制】
＊詳細は8月下旬にupする本校HPをご覧下さい。

| | 推薦入試(予定) | 一般入試(予定) |
|---|---|---|
| 募集人員 | 男子25名　女子25名 | 男女 70名 |
| 試験日 | 1月22日(火) | 2月11日(月・祝) |
| 試験科目 | 基礎学力調査(国数英社理)・面接 | 国語・数学・英語・面接 |
| 合格発表 | 1月23日(水) | 2月13日(水) |

中央大学高等学校
〒112-8551 東京都文京区春日1-13-27　☎03(3814)5275(代)
http://www.cu-hs.chuo-u.ac.jp/

ぜ」（とたずねた）

ある僧が仏を信心する人たちから寄付を集めていた。2人の男がその寄付金の名簿を見たところ、品川・高輪・金杉・芝口裏・日本橋という地名が並んでいる。僧は、品川から日本橋まで東海道の道筋に沿って、寄付を集めて歩いてきたのだ。

ところが、金杉と芝口裏との間にあってもよさそうな田町が抜けている。それで、「田町の人たちに、なぜ寄付を頼まないのか」とたずねたら、お坊さんは「仏を作るための寄付集めだから」と答えたというのだ。

2人の男には、この返答の意味がわからない。重ねて「なぜだい」とたずねた。すると、次のような答えが返ってきた。これがオチで、当時の読者は大笑いしただろう。

・坊主、「ハテ、仏作って田町を入れません」＝僧（は）「ほら、仏を作って（も）田町は入れない（と言い）ます（からね）」

このオチがわかるかなあ。中学生には無理ではないかと思う。

じつは『仏作って魂入れず』という諺《ことわざ》があるのだ。もともと、仏像を作るとたいてい開眼《かいげん》の法会《ほうえ》（＝仏教の儀式）を行う。これは、仏像に瞳を描き入れることで、仏の魂を迎え入れる儀式であり、行なわないと、『仏作って、魂入れず』と言われるのだ。

それが由来となっていまでは「仏作って、魂入れず」は、『苦労して物事をほぼやり終えたのに、最も大切な事をしないままでいる』ということの喩《たと》えで用いる。

お坊さんは、この「仏作って、魂入れず」をもじって、「仏作って田町を入れない」と洒落たんだよ。中学生なら、「なぁ～んだ、親父ギャグか」と呆れるだろうが、慶應義塾の出題者たちは、「これは地口といって、江戸時代の半ばころ（享保年間）から始まった、立派な庶民文芸なのだ」と言いたいのだろう。なにしろ、こんな問いがあるのだから。

問五　この笑話のオチである傍線部ウ「仏作って田町を入れません」の元になる慣用句を書き、併せてその意味を四十字以内で書きなさい。

正解　（慣用句）仏作って

魂入れず
（意味）苦労して物事をほぼやり終えたのに、最も大切な事をしないままでいること。

この問いだけでも「おやおや」と思う中学校の先生はおそらく多いだろうが、これだけで終わるわけではない。さらに2問ある。

問六　話の終わりに付いている五七五七七の笑いを誘うような短詩型文芸を総称して何と言うか、漢字で正確に書きなさい。

正解　狂歌

問六も中学生には難しいだろうが、さらに問七はもっともっと難しい。

問七　波線部の短詩型文芸には和歌のテクニックの一つである掛詞が用いられている。その部分を指摘しながら、六十字以内でこの笑話の面白さを語りなさい。

波線部を説明しよう。

・方便の嘘を＝（仏道への導きの）手段（なのに、金もうけの手段として）嘘（の記録）を
・つけたる勧化帳＝つけた寄付帳（は）
・おのが腹をば＝自分の懐を
・子安観音＝肥やす（ために利用した）子安《こやす》観世音よ

筆者は最後の歌で、「この坊主は詐欺師だよ」と読者に示しているんだよ。

現代ほど、医療が発達していない江戸時代だ。子どもを生むことも育てることも、命や身体を損なう危険性がいっぱいだった。だから、人々――とくに女性は、安産を願い健やかな子育てを願って、仏に祈った。

そういう人たちの心の支えとなったのが、子安観音だった。子どもを安らかに産み育ててくれる・観音様として、多くの女性たちの信仰の対象になった。

それをこの「坊主」は利用しようとしたのだ。

だが、心のどこかに悪事へのやましさが潜んでいたのか、それとも だます相手を見下げて楽しもうとしたのか、「仏作って田町入れず」などというふざけたことをしたんだね。

# Seize the day

自立した個人への道を、一歩ずつ、確実に。

## ■学校説明会

8月 4日(土) 10:00～11:00／14:00～15:00
＜都外生対象＞＜都内生対象＞

8月25日(土) 10:00～11:00／14:00～15:00
＜都外生対象＞＜都内生対象＞

10月13日(土)　11月24日(土)
10月27日(土)　12月 8日(土)
11月10日(土)
11月17日(土)
14:00～15:00
＜都内生・都外生対象＞

○全体会1時間(予定)、その後に校内見学・個別相談を受付順に行います。

## ■特待解説会 ＜要予約＞

12月 1日(土) 14:00～18:00
12月 2日(日) 9:00～13:00

## ■個別相談会 ＜要予約＞

11月25日(日) 9:00～15:00
12月23日(日) 9:00～15:00

## ■桜華祭（文化祭）

9月23日(日) 9:00～15:00

○予約が必要な行事は本校webサイトにてご予約ください。 ※学校見学は事前にご相談ください。

SAKURAGAOKA 1924

# 桜丘高等学校

〒114-8554 東京都北区滝野川1-51-12 tel：03-3910-6161
http://www.sakuragaoka.ac.jp/
mail：info@sakuragaoka.ac.jp
@sakuragaokajshs
http://www.facebook.com/sakuragaokajshs

・JR京浜東北線・東京メトロ南北線「王子」駅下車徒歩7～8分
・都営地下鉄三田線「西巣鴨」駅下車徒歩8分
・都電荒川線「滝野川一丁目」駅下車徒歩2分
・「池袋」駅から都バス10分「滝野川二丁目」下車徒歩2分
・北区コミュニティバス「飛鳥山公園」下車徒歩5分

# 宇津城センセの受験よもやま話

## ある母の手記①

**宇津城 靖人先生**
早稲田アカデミー　特化ブロック　ブロック長
兼 ExiV西日暮里校校長

私の朝は卵を割ることから始まる。卵を小さな金属ボウルに2つ。菜箸でといて砂糖を加える。ウチの玉子焼きは少し甘いのが特徴だ。四角いフライパンを火にかけ、バターをひと欠けポトリと落とす。ジュワーっとバターがとろけ始めたら、卵をフライパンに流し込む。ジュッと音を立てて卵が固まり始める。バターと卵の焼ける香ばしいにおいが立ち込める。このにおいが合図だ。2階で眠っていた沙希が起き出してくる。

「沙希ちゃん、おはよう。」

と背中越しに私が声をかけると、沙希は返事もせずせわしなくトイレに向かってしまう。

テーブルに朝食を並べ終わるころ、沙希はトイレから出て自分の席につき、黙々と朝食をとりはじめる。私も向かいの席に座る。母子2人でとる大切な朝食の時間。でも、沙希はいつも私と目を合わせることなく、私の後ろにあるテレビを眺めている。時折私が彼女の視界を遮るのか、身体をわざとらしく大きく横にずらして「チッ!」と舌打ちをする。沙希は最近私と向き合うことを忌避《きひ》している。食事中会話が弾むことがなくなった。いろいろと私が話しかけても、「うん」「そう」「あっそ」「そうじゃない」「わかった」「知らない」といった「YES」か「NO」を伝える言葉しか返ってこない。最近では返事が返ってこないこともある。私の「母親」というアイデンティティを否定したいのか、私のことを「お母さん」と呼ぶことすらなくなってしまった。用があるときは「ねえ」「ちょっと」「あのさ」と呼び、まるで私と親子であることを拒絶しているかのようだ。これが思春期というものなのだろうか。

沙希は私が1人で育ててきた。父親は沙希が物心つく前に他界している。癌だった。若いときの癌は進行が早いらしく、癌が見つかったときにはすでにさまざまなところに転移してしまっていた。1つ癌を切って取り除くと、別の場所からまた1つ見つかる。それを3度繰り返したのち、夫はこの世を去った。身近な存在が突然消えてしまうことの衝撃と悲しみを、そのときに私は初めて知った。心にぽっかりと穴が空いたようだった。そして、その穴から一時的に目を背けることはできても、その穴を埋めることは決してできなかった。悲しみが強すぎると人は感傷にひたることもできなくなるのだろうか。「これからこの乳飲み子を、沙希を1人で育てていけるのだろうか」というありがちでロマンティックな不安は、私には少しも湧いてこなかった。むしろこれからまた大切なものを失うかもしれない恐怖の方が強かった。このうえもし沙希までも失ったら、私は絶対に生きていけない。

人は恐怖から逃れるためであれば懸命になることができるようだ。私はそこから十数年、懸命に働いた。家のローンは夫の生命保険で完済し、住む場所の確保だけはできた。あとは日々を生きていく糧を私の力でなんとかしなければならな

かった。そこには女手1つで娘を育てねばならないといった格好のよいヒロイズムなどなかった。私はただただ、沙希を失うことが怖かっただけだ。

　沙希を保育園に預けると、私はだれよりも早く職場に赴いた。そしてだれよりも丁寧に、だれよりも素早く仕事をすることを心がけた。もし私の仕事が杜撰《ずさん》で、会社から評価されないようであれば、もし私の杜撰な仕事のせいで、会社に損害を与えるようなことがあれば、それは私が職を失うことにつながり、そして私が沙希を失うことにつながるからだ。私はその恐怖から逃れるために、だれよりも懸命に働いた。懸命に働くと、やがて結果が残るようになった。結果が残るにつれ上司や同僚から信頼されるようになった。仕事を任されるようになった。収入も増えた。しかし、そのぶんいろいろと嫉みを受けるようにもなった。「子どもを放置して働くなんて」「必死になって見苦しい」「守銭奴」「出世欲が強い」などなど、さんざん叩かれていた陰口は否が応にも私の耳にまで届いてきた。引き出しのなかのペン類にべっとりとマニキュアをこぼされたこともあったし、ロッカーのカギが壊されて開かないこともあった。湯のみがなくなることも、まとめておいた会議の資料をシュレッダーにかけられることもあった（私が資料につけていた付箋《ふせん》の色で判明した）。これだけの仕打ちを受ければ、もちろん私でも落ち込むことはあった。けれど、そこから立ち直って立ち向かう力を、私は沙希からもらっていた。

　小さな沙希と一緒に眠ることが本当に幸せだった。2人でふとんにもぐりこんだとき、私が身体ごと沙希の方に向くと、沙希も私の方を向いてくれる。すると沙希は私の太ももと太ももの間に小さな両足が挟まるようにする。そして沙希のおでこが私のおでことぴったりくっつくと私たちのいつもの体勢は完成する。目を閉じると、それまでお互いにバラバラだったはずの2人の呼吸が、徐々に同じタイミングになっていくから不思議だ。そうなると私と沙希との間には不思議なエネルギー交感がなされていく。私のおでこから彼女のおでこを伝い、流れていったエネルギーが、彼女の足先から私の太ももへと流れて戻ってくる。そうして私の身体を通ってまたおでこへと2人のエネルギーが循環していく。これで身体がぽかぽかになる。沙希と私の2つの命がつながっている実感が湧いて、心までぽかぽかになる。この小さな身体のどこにこんなに大きなエネルギーがつまっているのだろうと不思議に思う。私はこうやって沙希から、日々の問題と戦う元気を、勇気を、生きる力を、たくさんもらっていた。

　沙希と出かけることができたのは数少ないことだったが、私にとって大切な思い出となっている。いまでも私はそのときの写真を手帳に入れて持ち歩いている。沙希が小学5年生のとき、2人でハワイに行った。写真には美しい浜辺を背景に、トロピカルドリンクを片手にした2人が肩を寄せ合って写っている。沙希のもう片方の手には、露店で買ってあげたサーフボードの形をしたキーホルダーがぶら下がっている。英語が話せない私たちは、ビーチにいた日本人らしき女性に勇気を振り絞って「写真をとってほしい」とお願いしたのだ。私も沙希も見知らぬ人に声をかけるのが苦手で、結局お願いできたのはそのときだけ。情けないことにこの旅行で2人で写っている写真はこれ1枚しかない。

　沙希がもっと小さなころはそんな余裕がなかったから、2人で過ごせる日にはデパートの屋上の遊技場に行った。そこならば入園料がかからなかったからだ。有料の遊具もあったが、そこには公園の遊具と同じようなもの（滑り台や、動物の形をした乗り物など）もあったから、私と沙希はもっぱらそれで遊んだ。あるとき、沙希といっしょに遊んでいた見知らぬ子どもたちが、沙希をのけ者にすることがあった。仲良く滑り台で遊んでいたはずだったが、子どもたちは突然「この子には滑らせない」と言いはじめた。曰く「この子は『仲間のしるし』を持ってないからダメだ」ということらしい。『仲間のしるし』とはなんなのかを聞いてみると、屋上の片隅に置かれたガチャガチャの景品のことらしかった。この件は沙希をいたく傷つけたようだ。沙希は感覚的にウチの経済的な事情をわかっていた。日々の暮らしを成り立たせるのに精一杯な状況で、自分が滑り台を滑るためにわざわざガチャガチャをするというワガママを言ってはいけないと、自分に言い聞かせていたのだろう。グッとこらえる沙希の目には涙が溜まっていた。ガチャガチャは300円。たいした金額ではないが、沙希のその気持ちが痛くて、痛くて、つらかった。私は「大丈夫だよ」となるべく軽く言うと、沙希にガチャガチャをするように促した。沙希はガチャガチャの前まで来ても、こぶしを握ったまま、じーっと我慢をしていた。その葛藤が痛くて、痛くて、つらかった。

「いいんだよ、沙希。」

　そう言って半ば強引にコインを入れ、沙希にハンドルを回させた。ガチャリ、ガチャリ。出てきたのは、チェーンの先に半透明の立方体が頂点からぶらさがったキーホルダーだった。半透明の内側、中央部分には蛍の光を思わせる蛍光イエローの液体が見える。沙希はひとこと「キレイ…」と言った。

「行ってきます。」

　蚊の鳴くような声で言うと、沙希は玄関から出て行こうとする。肩にかけた学校のカバンの取っ手には、あの蛍の色のキーホルダーと、サーフボードのキーホルダーがぶら下がっている。「行ってらっしゃい!」と私は沙希を元気に送り出す。

あの子は、大丈夫だ。

WASE-ACA TEACHERS

国語

# 東大入試突破への現国の習慣

## 臨機応変に対応できる力は、自分自身を信頼することで発揮されるのです！

田中《たなか》 利周《としかね》先生

早稲田アカデミー教務企画顧問

東京大学文学部卒。東京大学大学院人文科学研究科修士課程修了。文教委員会委員。現国や日本史などの受験参考書の著作も多数。早稲田アカデミー「東大100名合格プロジェクト」メンバー。

### 慇・懃・無・礼?! 今月のオトナの四字熟語「上昇志向」

「自らの進歩や向上を常に意識している」という意味を表す四字熟語ですね。地位の向上を目指すモチベーションのことでもあります。ですから、「あの人は上昇志向が強いから」などと、出世欲や権力志向を「人を押しのけてまで…」とネガティブにとらえて、相手を批判する意味合いで使われることもしばしばです。

ところが、そのマイナスイメージをいわば逆手にとって、世論を喚起する上での刺激ともなるこの「上昇志向」という四字熟語を、堂々とタイトルに使った著作が発表されたことを皆さんはご存知ですか？　現在イタリアのサッカーチームであるインテルで活躍を続け、サッカー日本代表でもある長友佑都選手の著作になります。同じくサッカー日本代表である長谷部誠選手にも『心を整える』というベストセラーがありますよね。世界を舞台に活躍するサッカー選手には、サッカーというフィールドだけではなく、広く世間の皆さんの関心を引き付ける「何か」があるのでしょう。

また、サッカーを通じて「何か」を学ぶことができるのだ、ということもできるかもしれません。女の子が見事なシュートでゴールを決める、という早稲田アカデミーのCMも、サッカーの「教育的効果」を意識したものではないでしょうか？

中学生の皆さんは残念ながら参加できないのですが、早稲田アカデミーと元サッカー日本代表の本田泰人選手が共催しているイベントがあります。その名も『エデュケーションカップ』。小学生によるチーム対抗戦でフットサルの試合を行って順位を競うスポーツ大会なのですが、なんと、出場選手に学力テストも実施してしまうのです！　その得点も合わせた上で、真の「文武両道王者チーム」を決定するという企画です。今年で五回目の開催となりました。私も毎年、大会に顔を出させてもらっています。

そんな『エデュケーションカップ』でご一緒させて頂いているのが、あの本田選手ですよ！　本田選手というと皆さんは本田圭佑選手を思い浮かべるかもしれませんが、われわれの世代なら「スッポンマーク」の本田泰人選手を知らない人はいません！　スッポンのように食いついたらはなさない執拗なマーク。小さな身体で巧みな動きをしながら、相手チームのキーマンをねじ伏せていくスタイル。それを支える驚異的な運動量とアグレッシブなプレー。不動のボランチ・キャプテンとして鹿島アントラーズの黄金期を支えた本田選手、その人なのです。

選手を引退された後は、子供たちのためのサッカースクールを開いて、その指導者を務めていらっしゃいます。苦労して一流選手になった人物だからこそ感得している秘訣とも言える「何か」があるのです。それを「子供たちに伝えていきたい」とおっしゃっています。

本田選手は身体も大きくなく、むしろ小柄な方で、サッカー選手としては決して恵まれた身体の持ち主ではありませんでした。本田選手自身がおっしゃいます。「人一倍小さく、天才的な技術もなかった」と。そんな人物が、どうやって自分の持ち味を活かし、プロ選手となり、Jリーグベストイレブンに選出され日本代表にもなったのか。

シュートの打ち方に「正解」はありません。本田選手は自分を成長させるために必死で考え、模索し、試行錯誤し、自分を活かす方法を見出していったのです。ですから子供たちへのサッカー指導にあたっても、単に技術を伝えることではなく、子供たちが自信を持って、そして自分で考えながらプレーすることを重視されています。

子供が迷いながらもボールを蹴った瞬間に、「ナイスタイミング!」と声をかけて、小さな自信を生み出していくこと。また、ボールがきたらとにかく蹴るだけの子供たちに対して、「シュートを打つだけでなく、打つふりをしてパスを出すこともできるんじゃないかな」といろんなシチュエーションを想定させて、他にもやり方があることを考えさせるようにすること。

お話を伺っていて不思議な気がしました。本田選手のサッカー指導の基本原理は、生徒への学習指導で大切だとされることに重なっているのです。「答えはこれだ!」と「正解」を教え込んだとしても、主体性のない生徒ができあがるだけです。指示待ちの状態で、自分から考えようとしなくなります。逆に、「とにかく答えを書け!」という指導も同じことです。自分で立ち止まって考えることをせずに、いわば「反射的」に反応するようになってしまいます。「こういうときはどうすればいいと思う?」と聞きだしながら、できるだけ生徒が自分で気づくように教えていくこと。そして、生徒自身が「こういう場合は、こうすればいいな」というイメージを思い浮かべることができるようにもっていくこと。イメージができるようになった生徒は、明らかに成績の伸びも早いのです。

自分自身のことを信頼して、いつも自分で考えることができるようにアドバイスすること。自分の良さも、自分の弱点も、自覚できるようにならなくてはいけないと伝えること。臨機応変に対応できる力こそが、実際のプレーで活きてくるのだということを理解させること。苦労して大成したプロのすごさを感じさせる、本田選手の発言の数々は、今後も早稲田アカデミーの教育に活かされていくでしょう。

# グレーゾーンに照準! 今月のオトナの言い回し「迷宮入り」

「解決しない難事件」のことをたとえて「迷宮入り」と言ったりしますね。「迷宮」というと、皆さんはどのようなイメージを持ちますか? 宮殿のような大きな建物の中で、たくさんの部屋や通路が迷路のようになって入り組んでいる…そんなとらえ方ではないでしょうか。実は「迷路」と「迷宮」では、厳密な意味では全く対照的な特徴を持つものであることを皆さんはご存知ですか!

迷宮と言えば誰もが思い浮かべる「クレタ島のクノッソスの迷宮」がありますが、このギリシャ神話に登場する世界最古の迷宮、牛頭人身の怪物であるミノタウロスが閉じ込められているのが「ラビュリントス」ですね。迷宮内には余すところなく通路が組み込まれているのですが、実はその通路は全く交差せずに、ただただ一本道を他の選択肢もなく突き進むだけだということを、意外と皆さん知らないのではないでしょうか。入口から迷宮の中心に向かって進んでいくことになるのですが、通路は何度も中心のそばを通りながら、振り子のように方向転換して、徐々に中心点に近づいていくことになります。そしてようやく中心点に到達したと思ったら、そこに出口はなく、今度は全く同じ道を通って、入口まで戻って脱出しなくてはならない。これが「迷宮」なのです。「分かれ道」や「行き止まり」「通る必要のない道」が多数存在し、入口=スタートと出口=ゴールのある「迷路」とは対照的であることがはっきりとお分かりいただけると思います。

ですから、「ラビュリントス」に入ったら、ミノタウロスに遭遇しないでやり過ごすことはできません。隠れるわき道もなければ、分かれ道で避けることもできないのです。必ずぶつかって、対決しなくてはなりません。

このことを理解して、「迷宮入り」という言葉をもう一度考えてみるならば、「解決しない難事件」であってもそれは、「必ず決着をつけなければならない」という意志が読み取れるように思いませんか?

もちろん逆に「ゴールがない」という意味にもなるのですが(笑)。

BP：PC＝O P′：P′C＝8：（12−8）＝**2：1**

(3)　Cの座標は（12, 0）だから、直線ACの式は$y=\frac{1}{3}x-4$
点Pの $x$座標を$t$とすると、P($t$, $-t+12$)、Q($t$, $\frac{1}{3}t-4$) と表せる。
△CPQの底辺をPQと見ると、PQ＝$(-t+12)-(\frac{1}{3}t-4)=16-\frac{4}{3}t$
また、高さP′C＝12−$t$より、△CPQの面積について、
$\frac{1}{2}(16-\frac{4}{3}t)(12-t)=6$
が成り立つ。これを解いて、$t=9,\ 15$
$0<t<12$より、$t=9$
よって、点Pの座標は、**(9, 3)**

続いて放物線の典型的な問題です。

**問題2**

図のように、$y=x^2$と$y=-x+6$のグラフの交点をA、Bとします。このとき、次の問いに答えなさい。
（中央大学杉並）

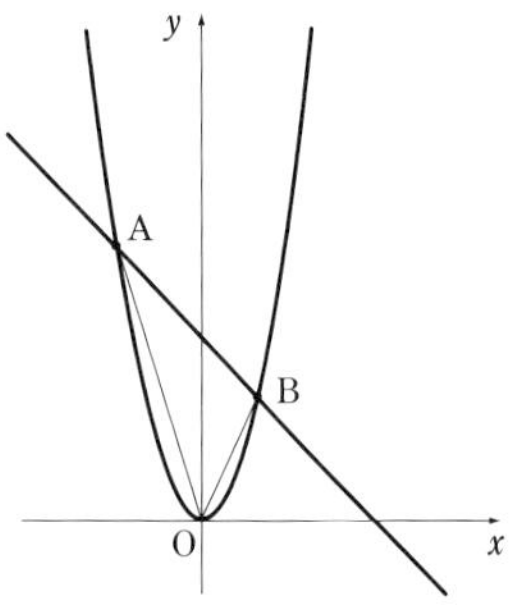


(1)　点A、Bの座標を求めなさい。
(2)　△OABの面積を求めなさい。
(3)　点Aを通り、△OABの面積を2等分する直線の式を求めなさい。

**＜考え方＞**

(1)　点A、Bは、直線と放物線の交点だから、$y=x^2$と$y=-x+6$の連立方程式の解が点A、Bの座標を表します。
(2)　△OABの面積は、次のようにして求められます。
2点A、Bから$x$軸に垂線を引き、その交点をそれぞれA′、B′とします。さらに直線ABと$y$軸との交点をCとすると、

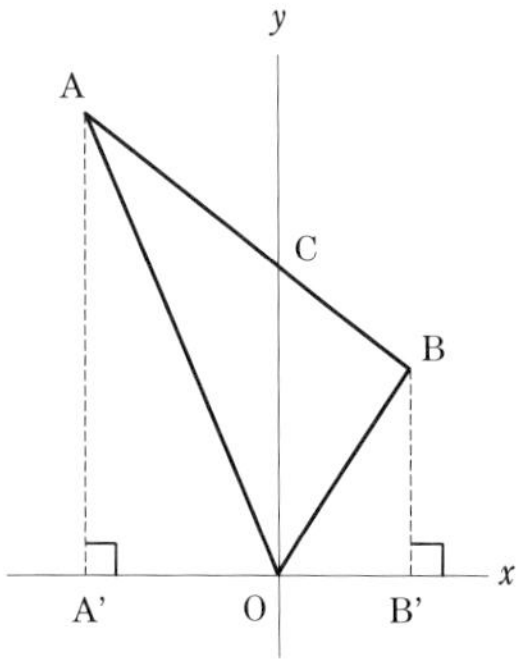


△OAB＝△OAC＋△OBC＝$\frac{1}{2}$×CO×A′O＋$\frac{1}{2}$×CO×B′O
＝$\frac{1}{2}$×CO×(A′O＋B′O)＝$\frac{1}{2}$×CO×A′B′
(3)　求める直線は、線分OBの中点を通ります。

**＜解き方＞**

(1)　$x^2=-x+6$を解いて、$x=-3$、2
これより、**A(−3, 9)、B(2, 4)**
(2)　(1) より、OA′=3、OB′=2
よって、△OAB＝$\frac{1}{2}$×6×(2+3)＝**15**
(3)　求める直線は、A(−3, 9) とOBの中点(1, 2) を通るので、$\boldsymbol{y=-\frac{7}{4}x+\frac{15}{4}}$
続いても放物線内の図形の問題ですが、与えられた図形の形を考える問題です。

**問題3**

右の図で、曲線$f$は関数$y=x^2$のグラフを表している。2点A、Bはともに曲線$f$上にあって、点Aの$x$座標は5、点Bの$x$座標は負であり、点Aと点Bの$y$座標は等しい。線分ABと$y$軸との交点をMとする。
また、曲線$f$上にあって、$x$座標が5より小さい正の数である点をPとし、線分BPと$y$軸との交点をNとする。
四角形AMNPと△OBNの面積が等しくなるような点Pの$x$座標を求めよ。

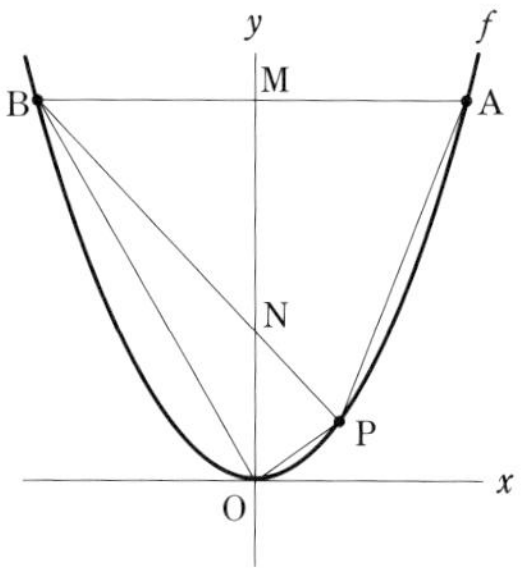


（都立八王子東・一部略）

**＜考え方＞**

四角形AMNPと△OBNに共通の図形を付け加えると考えやすくなります。

**＜解き方＞**

四角形AMNP＝△OBNのとき、
四角形AMNP＋△BMN＝△OBN＋△BMNだから、△ABP＝△MBO
点Mは線分ABの中点だから、△MBO＝$\frac{1}{2}$△ABO
よって、△ABP＝$\frac{1}{2}$△ABO
線分ABを底辺と見ると、△ABPの高さは△ABOの高さ、すなわち点Mの$y$座標25の$\frac{1}{2}$である$\frac{25}{2}$となる。
よって、点Pの$y$座標は$25-\frac{25}{2}=\frac{25}{2}$
したがって、点Pの$x$座標は、$x^2=\frac{25}{2}$かつ$x>0$より、
$\boldsymbol{x=\frac{5\sqrt{2}}{2}}$

関数の問題では、数量と図形の融合問題となっているものが少なくありません。その場合、関数の基礎知識に加えて、図形の性質をしっかりと身につけていなければ正解を導き出せないことになります。それだけに差がつきやすい分野ですから、たくさん問題を解いて解法のパターンを身につけていきましょう。
さらに、関数の学習では、グラフをよりきれいに、しかも手早く描けるように心がけることが大切です。いい加減なグラフでは、自分の描いた図にだまされてしまいます。また、途中の計算が長い問題もありますから、計算の正確さとスピードにも意識して学習を進めていきましょう。

数学

# 楽しみmath数学！DX

## 差がつきやすい関数と図形の融合問題

**登木 隆司先生**
早稲田アカデミー　城北ブロック ブロック長
兼 池袋校校長

今月は、関数と図形の融合問題を取り扱います。はじめに直線のグラフに関する問題から見ていきます。

**問題1**

右の図１で、点Oは原点、点Aの座標は（0, −4）であり、直線$l$は１次関数$y=-x+12$のグラフを表している。

直線$l$と$y$軸との交点をB、直線$l$と$x$軸との交点をCとする。

直線$l$上にあり、$x$座標が12より小さい正の整数である点をPとし、２点A、Pを通る直線を$m$とする。

座標軸の1目盛りを１cmとして、次の各問いに答えよ。

（東京都）

図1

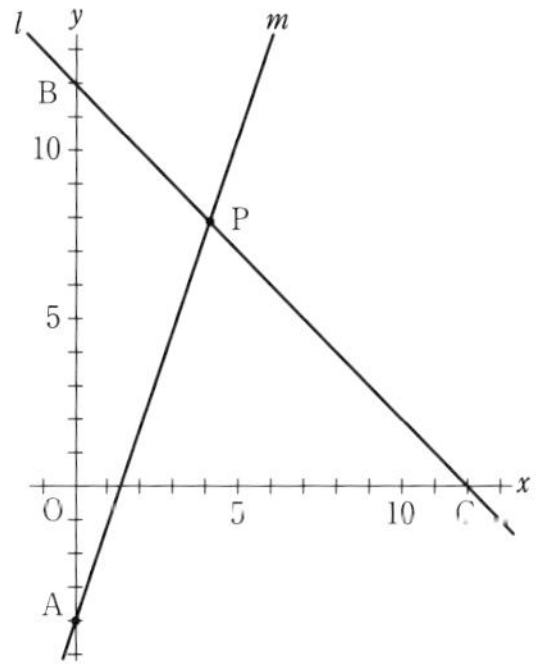


図2

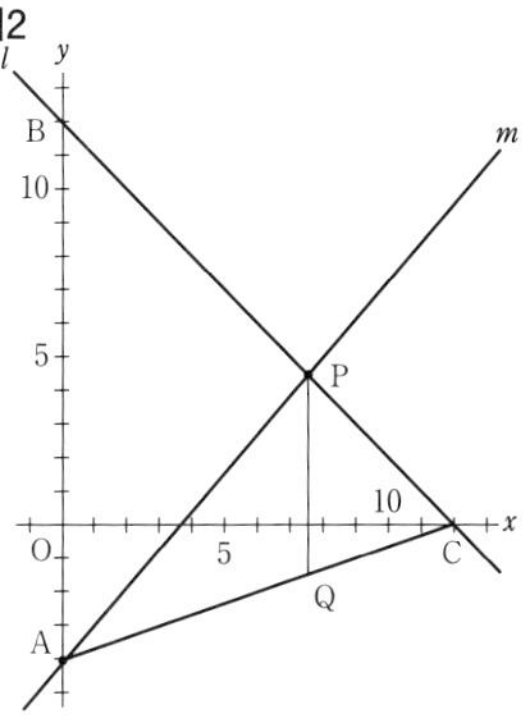


(1)　点Pの$x$座標が２のとき、直線mの式を求めよ。

(2)　線分APが$x$軸により２等分されるとき、線分BPの長さと線分PCの長さの比を最も簡単な整数の比で表せ。

(3)　右の図２は、図１において、点Aと点Cを結び、点Pを通り$y$軸に平行な直線を引き、線分ACとの交点をQとした場合を表している。

△CPQの面積が６ $cm^2$のとき、点Pの座標を求めよ。

**<考え方>**

(2)　2点($x_1$, $y_1$)、($x_2$, $y_2$) を結ぶ線分の中点の座標は、
$\left(\frac{x_1+x_2}{2}, \frac{y_1+y_2}{2}\right)$

(3)　点Pの $x$座標を$t$として、△CPQの面積を$t$で表して方程式をつくります。

**<解き方>**

(1)　$x=2$を$y=-x+12$に代入して$y=10$。よってPの座標は(2, 10)

したがって、APの傾きは $\frac{10-(-4)}{2-0}=7$

また、切片は−4だから、直線$m$の式は、$\boldsymbol{y=7x-4}$

(2)　点Pの$x$座標を$t$とすると、点Pが$y=-x+12$上にあるから、その$y$座標は$-t+12$と表せる。

APの中点が$x$軸($y=0$)上にあるので、点Aと点Pの$y$座標に注目すると$\frac{(-4)+(-t+12)}{2}=0$が成り立つ。

これより、$t=8$

点Pを通り$y$軸に平行な直線を引き、$x$軸との交点をP'とすると、

WASE-ACA TEACHERS

# 英語

# ニュースな言葉

# *Cool Biz*

川村 宏一先生

早稲田アカデミー　教務部中学課　上席専門職

The Japanese government started Cool Biz campaign to save electricity on May.

四季がはっきりと感じられるのは日本の特徴ですが、日本の夏は「高温多湿」、じっとしていても真昼の暑さが耐えがたいときがありますね〔でも私はこう見えても、この暑さが嫌いではありません（笑）〕。現在日本では、電力不足に伴い、各地で「節電」が呼びかけられています。今回の英文は、近年恒例となっている「クールビズ」に関するものです。

今回の英文には、外来語として使われる英単語が入っています。テレビCMでしょっちゅう耳にする言葉、「キャンペーン」です。日常的にカタカナ語のまま使うので、'campaign'を日本語に訳すのはかえって難しいのですが、社会に対して、ある働きかけや宣伝などをすることが'campaign'の意味です。

さて、見慣れない英単語は'electricity'だと思いますが、カタカナで「エレクトリック」というと、「電気の」という意味なので、電気に関する単語だと予想がつきます。'electricity'は「電力」という名詞ですが、知らない単語でも、関連する単語と結びつければ意味がわかるときがあるので、あきらめないように！

では、英文を最初の部分を訳してみましょう。'The Japanese government started／（日本の政府は始めた）／Cool Biz campaign／（クールビズキャンペーンを）'と訳せます。

さて、政府がクールビズキャンペーンを始めたのはなぜでしょう？　その理由が、今回の文法のポイントになります。さまざまな英文に登場する「to不定詞」です。

「to不定詞」は＜'to'＋動詞の原形＞の形をとり、名詞や形容詞、副詞のような働きをします。

今回の英文の不定詞は、動詞を修飾する「副詞的用法」といい、不定詞が動作の目的を表して「～のために」という意味になります。

この英文の不定詞は'to save／（節約するために）'、修飾する動詞は'started（始めた）'、つまり「節約するために始めた」ということになるわけです。もう一度元の英文を見てみましょう。

'started Cool Biz campaign to save electricity／（電力を節約するためにクールビズを始めた）'というように訳せます。

ということで、英文全体を日本語に訳すと、「日本政府は、節電のために５月にクールビズキャンペーンを始めた」となります。

夏だけでなく環境問題に配慮した節電を心がけていきたいですね！　みなさんはどんな工夫をしていますか？

## something extra

だいぶ定着した「クールビズ」ですが、'Cool Biz'は英語ではありません。しかし、「ビズ」はある英単語の短縮形です。

「biz＝business（ビジネス）」の意味で、'She is in show biz.'というと、「彼女は芸能界（ショービジネス）にいる」ということになります。

'Cool Biz'は、「涼しい、格好いい」の'Cool'と「ビジネス」の短縮形'biz'をあわせた造語なので、むしろ和製単語と呼べるかもしれませんね！　英語圏の人たちにも説明が必要な言葉なので、要注意です！

**学校説明会**　生徒・保護者対象

10月20日(土)　9:00～都外生対象　13:00～都内生対象
10月27日(土)　13:00～都外生対象　15:00～都内生対象
11月10日(土)　9:00～都外生対象　13:00～都内生対象
12月 1日(土)　9:00～都外生対象　13:00～都内生対象

**個別相談会**　生徒・保護者対象

10月20日(土)　10:30～都外生対象　14:30～都内生対象
10月27日(土)　14:30～都外生対象　16:30～都内生対象
11月10日(土)　10:30～都外生対象　14:30～都内生対象
12月 1日(土)　10:30～都外生対象　14:30～都内生対象

**公開学校行事**

●北斗祭(文化祭)　王子キャンパス本館
9月22日(土)12:00～15:00・23日(日)9:00～15:00

**予約制個別相談会**　※12/12(水)予約締切

12月16日(日)　9:00～12:00、13:00～16:00

# 順天高等学校

王子キャンパス(京浜東北線・南北線 王子駅・徒歩3分)
東京都北区王子本町1-17-13　TEL.03-3908-2966

新田キャンパス(体育館・武道館・研修館・メモリアルホール・グラウンド)
http://www.junten.ed.jp/

# みんなの数学広場

## 問題編

答えは次のページ

TEXT BY かずはじめ
数学を子どもたちに、楽しく、わかりやすく、使ってもらえるように日夜研究している。好きな言葉は、"笑う門には福来る"。

初級〜上級までの各問題に生徒たちが答えています。
どの生徒が正しい答えを言っているか当ててみよう。
もちろん、当てずっぽうじゃなく、実際に問題を解いてみてね。

### 上級

先月号を読んでくれたキミには簡単!
また、ある社員が仕事をやりたくなくて
「イヤよ」と言っている。
しかし、今度は何回か言ったらOKが出た！
これはLUCKY！
では、何回「イヤよ」と言ったのだろうか？

イヤよ

A
また、この形式ですね。
じつは言わずにOKになったんじゃない?
答え
0回

B
もうわかりました！
このくらいで丁度いい！
答え
6回

C
そうですねー
前回と同じ18回。
答え
18回

## 中級

電卓を使わないで頑張りましょう！

電卓の真ん中の数字は5です。
この5を除いた数字を左回りに3ケタずつ
しりとりみたいに足してみましょう。
例えば、2から始めると
236+698+874+412=2220

これを6から始めると
698+874+412+236=2220

同じになります。
では、電卓の真ん中の数字である5を除いた
数字を先ほどと同様に右回りに3ケタずつしりとりみたいに足すと
いくつになるでしょうか。

A
反対まわりになると
数字が3になります。
答え
3331
B
残念ながら
これは勘です。
答え
2222
C
計算したらわかるじゃん
2220に変わりはない!
答え
2220

## 初級

一瞬で計算しましょう！

123456789×9+123456789=

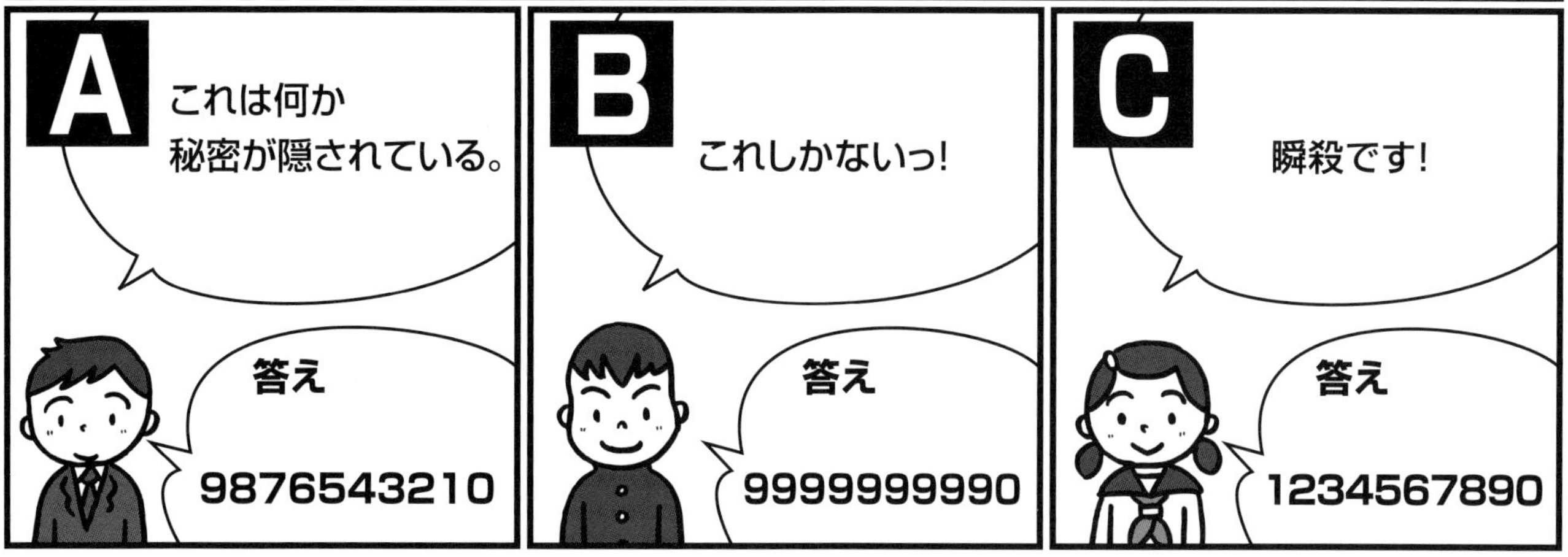
A
これは何か
秘密が隠されている。
答え
9876543210
B
これしかないっ!
答え
9999999990
C
瞬殺です!
答え
1234567890

# みんなの数学広場

## 解答編

### 上級

正解は　答え **B**

184(イヤヨ)を6回言うと…
184×6=1104
「いいわよ」になるのです!

い い わ よ
↓ ↓ ↓ ↓
1 1 0 4

**A**

なにも言わないと
普通に仕事をさせられます。
社会はそんなに甘くありません。

**B**

**C**

184×18=3312
だから、それだと謝罪文だと
先月言ったじゃないですか。

東京都市大学 等々力高等学校
TOKYO CITY UNIVERSITY TODOROKI SENIOR HIGH SCHOOL

■理念 ノブレス・オブリージュ
noblesse oblige
― 高潔な若人が果たすべき責任と義務 ―

説明会(完全予約制) 9/22(土・祝)14:30〜 10/20(土)14:30〜 11/23(金・祝)14:30〜 12/24(月・祝)14:30〜

＊予約のお申し込みは、各説明会の1ヶ月前の午前0時からホームページ上にて承ります。

〒158-0082　東京都世田谷区等々力8-10-1　Tel.03-5962-0104　◎交通/東急大井町線・等々力より徒歩10分
◎ホームページ http://www.tcu-todoroki.ed.jp/ 学校見学等は随時受付けています。詳細はお問い合わせください。

## 中級

正解は　答え **C**

例えば、4から始めて右回りに進むと…
478+896+632+214=2220になります。
他の数から始めても右回りに進むと2220になります。

これは、このルールで3桁の数を書き並べると
各位の和は1+3+7+9=20
また、2+4+6+8=20になりますから
百の位の和は20×100=2000
十の位の和は20×10=200
一の位の和は20×1=20
合計すると2220になります。

2220の反対は3331?
どういう意味だろうか。

勘で当たるほど
簡単じゃありませんよ。

## 初級

正解は　答え **C**

実際に計算してみてもいいですが
123456789=Xとおくと
123456789×9+123456789
=X×9+X
=10X
=1234567890

単純に10倍でした!

そんな秘密はないですよ。
実際にやってみましょう。

あってるのは
一の位と十の位だけですね。

# 先輩に聞け！

大学ナビゲーター

# 上智大学

## 文学部史学科2年

## 鶴川《つるかわ》　健友《けんゆう》さん

## 苦手だった英語を1年間の猛勉強で見事克服

### 大学教授か高校の先生になりたい

**――なぜ上智大を受験したのですか。**

「初めは上智大ではなく、学習院大に行きたかったんです。日本史が好きで、成績もよかったので、大学は学習院大に行こうと決めていました。」

**――それがなぜ上智大を受験するようになったのですか。**

「現役のときは、上智大に受かるような成績ではなかったんです。その原因は英語でした。できないことは学校中で有名でしたね。それでみんなを驚かせようと思って受験しました。」

**――英語はそんなにできなかったのですか。**

「はい。高校在学当時の英語のセンター試験は200点満点中80点くらいしか取れなかったですから（笑）。

　学校の試験では、日本史が1番で、国語が8番、英語がほとんどビリに近い成績を取ってました。高校3年間の英語で赤点を取らなかったときはなかったと思います。在校当時から、高校の先生に『国語ができる人は、絶対英語もできるようになる』と言われていました。

　浪人中はその言葉を思い出し、また、『これだけ英語ができないオレが、英語のイメージが強い、有名な上智大に受かったら驚くだろうな』と思い、浪人中は勉強を1日13時間していました。そうしたらできるようになりました。

　上智大に合格したときは驚いたと同時に、学習院大の史学科と上智大の史学科でどちらに進学するか迷いましたね。

　学習院大は、高校2年生のときにキャンパスも見ていたし、思い入れがありました。また、教授陣が豊富であることも知っていました。もちろん上智大も雰囲気もよく、いい教授が揃っていたのも知ってました。上智大に受かると思っていなかったので、上智大の情報はすべてパンフレットからでしたけど（笑）。

　でも、1年前までは、志望すらしてな

## 1 勉強へのモチベーション

浪人して5月くらいまでは、大学に落ちたことにふて腐れて勉強しませんでした。

6月の模擬試験で、15人くらいしかいない予備校で1番になり、それで、「俺ってできるじゃん」と思ってすべてを勉強に捧げようと決意しました。

大学で4年間好きな歴史の勉強ができると思えば、浪人中の1年なんか苦ではないですよ。

## 2 得意教科

中学校のときから英語は不得意でした。高校のときにbe動詞が変化することすら知らなかったですからね。

ですから、予備校に通って初めの2カ月は中学校の英語の勉強をしていました。さすがに中学の勉強をしているのが恥ずかしくて、問題集の表紙を裏返しにして、みんなにわからないように隠れて勉強していました。

夏休み期間中は、1日5時間くらい英語を集中してやれば、できるようになりますよ。

## 3 暗記術

書いて覚えていました。それが自分には合っていました。チラシの裏に書いて単語帳にしていました。1回で覚えようとせずに繰り返しやれば、いつの間にか覚えられます。

自分は同じ問題集を5回くらい繰り返して勉強しましたね。さすがに5回やると正解の数も自然と増えてきます。

中学校のときは、1回勉強したらできた気になっていました。あとで同じ範囲の問題を解くと、できないことに気付きました。間違った問題を取り出して、繰り返し勉強すると暗記もできます。

## 4 受験生へのアドバイス

必死で頑張れば、1年前には考えられなかった学校に合格できるんだなと実感しています。やったことが結果に結びつくとは限らないですが、勉強することが大事なんです。

勉強して高校受験で成功したら、もちろんその先の大学受験につながります。もし、勉強して結果がダメでも、勉強をやり通せた経験が、大学受験に絶対つながるはずです。ですから、自分のなかで「勉強したぞ！　やり通したぞ！」という自信を持つことです。

かった上智大に受かったのは、なにかの縁があるのかなと思って選択しました。」

**——どの時代の歴史が好きなのですか。**

「室町時代が好きです。小学3年生のころから室町時代が好きで、将来、大学は史学科に入ろうと決めてました。

当時、歴史マンガを読んでいたら、足利尊氏がなぜか格好よく見えてきた記憶があります。それでNHKの大河ドラマ『太平記』のDVDを見て、よりいっそう好きになりました。

そのあたりの年代をまとめて、いずれ卒論にしたいと考えています。」

**——サークルは入っていますか。**

「アマデウスコールという合唱サークルに入っています。高校2年生のときからオペラ研究会に入っていたので、大学でも歌を歌っています。

サークルには60名くらい在籍していて、普段は週3日練習して、年2回定期演奏会をしています。流行のポップスや聖歌を歌ったりします。

このほかに、サークルではないのですが、たまに仲のいい早大の友だちと歴史学についての勉強会に参加したりしています。」

**——将来、就きたい職業はありますか。**

「大学教授か高校の先生になりたいです。現在、アルバイトで塾の講師をしていて、塾の『授業コンテスト』で全国大会にも出ました。東京都の3つのブロック（1ブロック30名）から、各2名が、全国大会に出場できるのです。

塾の先生が生徒役になって、決められた内容を授業して評価されます。塾の講師になって1年目だったので、かなり頑張りました。その経験を活かして生徒たちに日本史を教えたいと思っています。」

国際塾

「海外の大学に進学したい」
そんな夢が、毎年実現しています。実践的な英語力の向上はもちろん、国内・海外の名門大学進学を強力にサポートします。５つのレベル、５種類の講座から自由に組み合わせて学ぶことができます。

Bunkyo Active Learning Studio

「アクティブ・ラーニング」とは、「能動的な学び」を意味します。生徒一人ひとりが、自ら未来を主体的にデザインすることを重視した教育であり、それを具現化する場として文京アクティブ・ラーニング・スタジオが完成しました。

科学塾

各大学との連携によって可能になる最先端技術を駆使した様々な実験や、教えることで学ぶ「ラーニング・バイ・ティーチング」など、体験を通して科学や数学を学びます。”理数系女子”のあなたを刺激するプログラムが盛りだくさんです。

スポ学

勉強だけでは得られない人間関係、一体感、そして何よりも生徒達のかけがえのない思い出。全国を舞台に活躍する部から、他の学校では見られないユニークな部まで、文京学院は学業と部活動の両立を本気で応援しています。

# 文京未来塾。

文京学院は、あなただけの未来を応援します。

Seeing is Believing.

百聞は一見にしかず。

●文京生体験　＊要予約

7/29（日）国際塾体験　科学塾体験
8/26（日）国際塾体験
10/14（日）国際塾体験　科学塾体験

●学校説明会　土/14:30～ 日/10:00～、13:30～

7/29（日）　8/26（日）10:00～のみ　9/15（土）
10/7（日）　10/28（日）

●オープンキャンパス　10:00 集合 ,11:00 集合

9/15（土）　10/6（土）

●入試解説会　10:00～

10/1（月）都民の日

文女祭《あやめ》（学園祭）
9/29（土）・30（日）
10：00～15：00
入試相談・校舎見学可

「2012年度 文部科学省
スーパーサイエンスハイスクール（SSH）・コアSSHに指定」

# 文京学院大学女子高等学校

Bunkyo Gakuin University Girls' Senior High School

〒113-8667 東京都文京区本駒込 6-18-3

http://www.hs.u-bunkyo.ac.jp/　☎ 03-3946-5301　✉ jrgaku@bgu.ac.jp

QR code

＊最寄り駅…JR山手線・東京メトロ南北線「駒込」駅南口より徒歩5分　JR山手線・都営三田線「巣鴨」駅より徒歩5分

# ミステリーハンターQの 歴男歴女養成講座

**ミステリーハンターQ（略してMQ）**

米テキサス州出身。某有名エジプト学者の弟子。1980年代より気鋭の考古学者として注目されつつあるが本名はだれも知らない。日本の歴史について探る画期的な著書『歴史を掘る』の発刊準備を進めている。

**山本 勇**

中学３年生。幼稚園のころにテレビの大河ドラマを見て、歴史にはまる。将来は大河ドラマに出たいと思っている。あこがれは織田信長。最近のマイブームは仏像鑑賞。好きな芸能人はみうらじゅん。

**春日 静**

中学１年生。カバンのなかにはつねに、読みかけの歴史小説が入っている根っからの歴女。あこがれは坂本龍馬。特技は年号の暗記のための語呂合わせを作ること。好きな芸能人は福山雅治。

## 沖縄返還

**沖縄の施政権がアメリカから日本に返還されて今年で40年。平和的な返還は世界でも珍しく、ノーベル平和賞も受賞した。**

**勇** 今年は沖縄返還から40年。沖縄ではもちろん、本土でもさまざまな記念行事が行われたね。

**MQ** 正式には1972年5月15日、沖縄の施政権がアメリカから日本に返還されたことをいうんだ。

**静** 施政権ってなに？

**MQ** 司法、立法、行政の三権のこと。沖縄では立法院があって、一定の自治は認められていたけど、最終的な統治の権限はアメリカ政府が握っていたんだ。

**勇** 沖縄はどうしてアメリカの施政権下に置かれたの？

**MQ** 第二次世界大戦が終わって、日本の領土は北海道、本州、四国、九州、それと本土に近い島に制限され、沖縄は日本から切り離されてしまったんだ。

本来ならサンフランシスコ講和条約が発効して、独立を回復した1952年4月には日本に復帰するはずだったんだけど、この間、朝鮮戦争が起こるなどして、沖縄の軍事的価値が大きくなり、さらに米ソ冷戦やベトナム戦争などもあって、返還が遅れてしまったんだ。

**静** アメリカの統治時代、沖縄の様子はどうだったの？

**MQ** 通貨はドル、道路は右側通行、日本との往復にはパスポートが必要だったりして、まるで外国のような扱いだった。

甲子園出場を果たした沖縄の高校の野球選手はパスポートを持って甲子園に来たんだよ。

**勇** それが戦後27年してようやく復帰ということになったんだね。

**MQ** うん。沖縄の米軍の犯罪が頻発して、県民の反米感情が高まったり、アメリカのニクソン大統領がベトナム戦争終結を公約に掲げたりして、アメリカも施政権を返還することを決めたんだ。

**静** 戦争で失った領土が、平和的に返還されたことはないんでしょ？

**MQ** そうだね、とても珍しいんだ。その功績が認められて、当時の佐藤栄作首相は、のちにノーベル平和賞を受賞したんだ。こうして沖縄は日本に返還されたんだけど、県内のアメリカ軍の基地はそのままになってしまった。

**静** じゃあ、本当の全面返還ではないんだね。

**MQ** 基地を残したままだったからかなりの反発もあった。いまも普天間基地の移設問題がもめているように、基地問題は沖縄について語るときに避けて通れない問題になっているね。

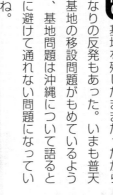

# 新しい安田学園がはじまります

**2012年度より教育改革を行ない、難関大進学を目指す新3コース体制へ。確実な基礎学力と自ら学ぶ学習力を育てる教科学習を基盤に、グローバル社会に貢献する創造的学力・豊かな人間力を育てるためのプログラムが用意されています。**

**知の構造を革新**
## S特コース
グローバルな探究力を育て、東大などの最難関国立大を目指す

**本質的な学びを育成**
## 特進コース
自ら学ぶ力を高度に育て、最難関国公立大・早慶上理を目指す

**自ら考える力を育成**
## 進学コース
高度な基礎学力を育て、GMARCHを・中堅私大を目指す

学習のベースとなる日々の授業では「自ら考え学ぶ」ことを重視した新しい学習指導を実践。身につけた学力を高度に活用できる創造的学力を育む「探究（S特コース）」「ライフスキル（特進・進学コース）」の授業、豊かな人間力を培うオリジナルテキスト「人間力をつける」と合わせて、グローバル社会で自分の力を十二分に発揮し、社会の発展に貢献できる人材になるために必要な力を鍛えていきます。

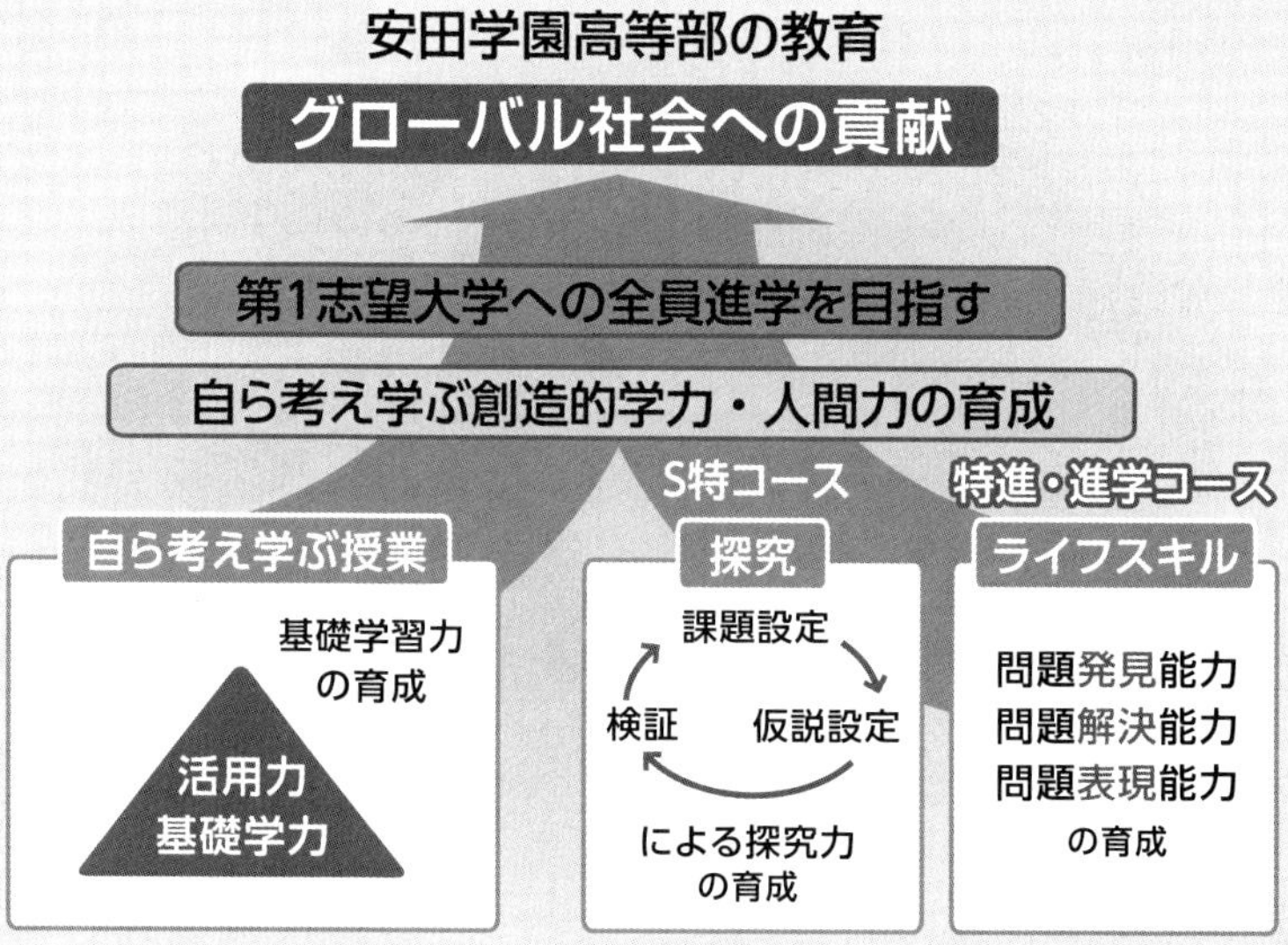


## S特コース 一期生からのメッセージ

### レベルアップさせる環境が整っています

●S特コース 1年 木下晃輔（江戸川区立上一色中学校出身）

入学当時は、安田学園で本当に上位大学に行けるか半信半疑でしたが、すぐに考えを変えさせられました。毎日7時間という十分な授業数があり内容もとても充実していて日々の予習・復習が必須です。そして、このカリキュラムならば信じられると思うようになりました。

日々の授業だけでなく、S特コースは様々なことに取り組んでいます。日常にある疑問を探究していく探究授業、今は隅田川の汚れについて考えています。さらに、勉強の方法においても、丁寧に指導してくださる学習法探究学究合宿も行っています。

このように、自分をレベルアップさせるための環境が安田学園は整っていると思います。

# 安田学園高等学校

〒130-8615　東京都墨田区横網2-2-25
TEL.03-3624-2666　FAX.03-3624-2643

**学校説明会**

| | |
|---|---|
| 9月 8日（土） | 12月 1日（土） |
| 10月13日（土） | 12月 8日（土） |
| 11月17日（土） | 各回14:30～ |

# 教えて！マナビー先生

プロフィール

日本の某大学院を卒業後海外で研究者として働いていたが、和食が恋しくなり帰国。しかし科学に関する本を読んでいると食事をすることすら忘れてしまうという、自他ともに認める“科学オタク”。

世界の先端技術

# ドラゴン宇宙船

## 初めてISSに到達した民間会社の宇宙船

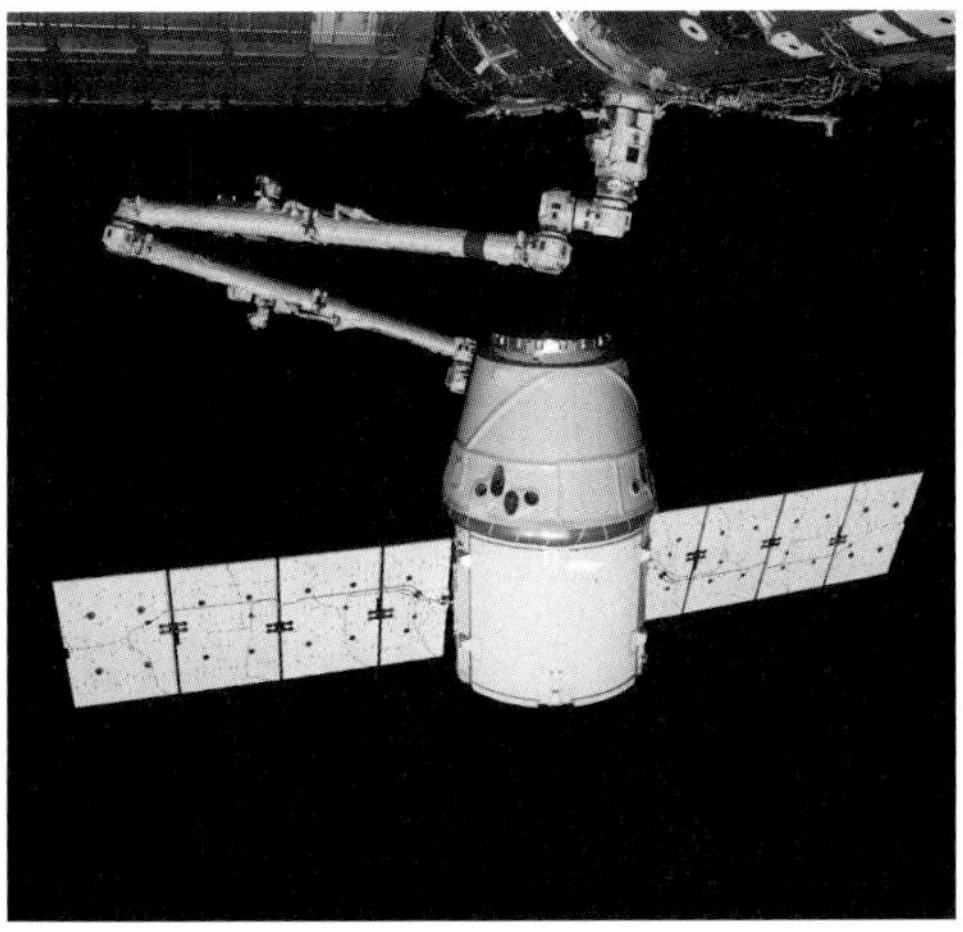

ISSに近づき、見事にドッキングに成功したドラゴン宇宙船

金環日食を見た記憶はまだ新鮮に残っているのではないだろうか。雲間からでも感動したよね。

ちょうどその週に、アメリカの民間企業がドラゴンという名の無人の宇宙船を打ち上げ、初めて宇宙ステーション（ISS）にドッキングし、無事に地球まで帰ってきたことを知っているだろうか。いままでISSに到達できたのはアメリカ、ロシア、日本とヨーロッパの宇宙機構の国家レベルの組織だけだ。これを民間企業として初めて成し遂げたんだ。

打ち上げたのはスペース・エクスプロレーション・テクノロジーズ（SpaceX社）と言うベンチャー企業だ（ベンチャー企業とは冒険や危険を冒してでも新しいことにチャレンジしようとする企業のことだ）。

2002年にインターネット上の取引を仲介するPayPalや、電気自動車で有名なTesla Motorsなどの企業を立ち上げて成功したElon Musk氏が作った、創業から10年の若い会社だ。

ロサンジェルス空港に近い場所に研究所と工場があり、今回打ち上げたロケットだけでなく、この10年のうちにすでに多くのロケットを開発している。

現在、アメリカではNASA（アメリカ航空宇宙局）が地球の周りでの宇宙開発は民間で行わせるという方針に切り替えたため、多くの企業がNASAと協力して宇宙開発ビジネスに挑戦し始めている。

ドラゴン宇宙船はケープカナベラルの空軍基地から打ち上げられ、３日かけてISSの宇宙飛行士が操作するロボットアームで捕まえられる距離まで近づいた。ドッキングは失敗するとISSの乗組員の命にも関わる大変な作業だ。このドッキングを無事成功させ、運んできた物資をISSに届けた。

「この広さならロシアの宇宙船より広い。すぐにこれで飛んでいきたい。」

ISSで作業をした宇宙飛行士はこのように感想を述べている。

そして、６日間にわたる荷下ろしや各種の作業を終え、地球に無事帰還したのだ。SpaceX社では「２年後には有人宇宙船を打ち上げたい」と意気込んでいる。みんなが乗れる日も近いかもしれない。楽しみだね。

# 頭をよくする健康

by FUMIYO
ナースでありママでありいつも元気なFUMIYOがみなさんを元気にします!

## 今月のテーマ 冷房病

　ハロー！　FUMIYOです。暑い季節がやって参りました！　屋外での部活動やお出かけのときには、熱中症が心配な季節。しっかり休息・水分を取って熱中症にかからないように気をつけましょう。そんな日に、暑〜い外から一歩、建物のなかに入ると…冷房がひんやりと効いていて、「気持ちいい〜」という経験はみんなあるよね。でも、冷房の効きすぎた教室や部屋に長時間いることで、寒くて体調を崩したことがある人もいるんじゃないかな？　夏休みに、冷房機器の温度調節が自分でできないような塾や自習室、図書館で勉強する人は、この冷えすぎに注意が必要!!　これを「冷房病」と言います。

　冷房病とは、冷房が強く効いた場所に長時間いたあと、外気温にさらされた結果、体が温度差についていけなくなり、自律神経が乱れて体調不良を起こす状態を言います。具体的な症状は、体の冷え、だるさ、むくみ、頭痛、肩こり、腰痛、食欲不振、胃腸障害、不眠など。

　人の体は寒くなると、体内の皮膚の血管を収縮（交感神経）して体の熱を逃がさないようにし、暑くなると血管を拡張（副交感神経）して体の熱を外に逃がしています。この体温の調整をしているのが自律神経です。温度差が5℃以上あると、体温調節（自律神経）がうまく働かなくなってしまうのです。

　いままでは、すぐにエアコンのリモコンを“ピッ！”と入れていたみんなも、節電も兼ねてエアコンの温度調節をしながら、上手にこの夏を乗りきりましょうね！

　では、冷房病にかからないようにするための6つの予防法をご紹介します。

①外気温との差が5℃以内になるように冷房の温度を設定。扇風機などを合わせて使うのもいいですね。
②冷たい風が直接かからないように上着を着ましょう。とくに女の子は、足元注意！　冷えは足から来ます。長時間冷房の効いた室内にいるときは、スカーフや靴下を準備するといいですね。
③軽く汗をかくような運動をしましょう。
④お風呂で体を温めて血行をよくしましょう。半身浴や足浴でゆっくり温めると、より効果的！
⑤体を温める食品を入れ、3食しっかり食べましょう。
⑥規則正しい生活を心がけましょう。体にストレスをかけない生活が大切です。

　⑥の規則正しい生活についてですが…。学校が夏休みに入ると、朝や夜はとくにダラダラと過ごしがちですが、このページを読んでくださっているみなさん、頭をよくするチャンスです！　規則正しい生活が、体にストレスをかけず、心身ともによい状態を保ってくれるんです。つ・ま・り、塾の学習や、学校の夏休みの宿題も順調に進められ、そのぶんよりたくさんのことが学べるってわけ。勉強の合間に、自分の将来のことや進路のことを考える時間も取れるようになるし、そうすれば、さらに勉強に身が入ること間違いなし！

　もちろん息抜きに思いっきり遊んだり、好きなことをすることも、ストレス発散にはとっても重要なこと。生活にしっかりメリハリをつけて、あっという間に過ぎてしまうぐらい充実した夏休みを過ごしましょう。

**Q1 体を冷やす野菜は次のうちどれでしょう。**
①にら　②ごぼう　③キャベツ

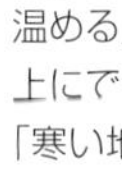

**正解は③**
　「夏が旬の野菜は体を冷やす、冬が旬の野菜は体を温める」。また、「土のなかにできる野菜は体を温める、土の上にできる野菜は体を冷やす」と言われています。果物では、「寒い地域で取れる果物は体を温め、暖かい地域の果物は体を冷やす」と、言われています。

**Q2 冷房病を英語で言うと、当てはまらないものはどれでしょう。**
①Air conditioner disease　②Sick air conditioner　③Cooling disorder

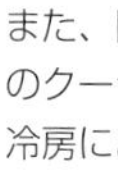

**正解は②**
　冷房病は、Cooling disorderと言われています。また、同じ症状を日本語でクーラー病ということもあり、そのクーラー病はAir conditioner diseaseと呼ばれています。冷房により外界との温度差に適応できず、自律神経の乱れた状態（症状）を冷房病（クーラー病）と呼んでいるで、病名のように1つではないのですね。

第30回

あれも日本語　これも日本語

# 「あいさつ言葉の意味」

日常、なにげなく使っているあいさつ言葉だけど、本来はどういう意味だか知っているかな。

まずは朝の「おはようございます」。これは文字通り、「早いですね」と言っているんだ。夜の「おやすみなさい」は説明の必要はないよね。英語では「グッド・モーニング」(いい朝)、「グッドナイト」(いい夜)と言っていてとてもシンプルだ。中国語では「早安」と言い、「朝は安寧で」という意味だ。韓国語では「安寧にお休みになりましたか」という意味の言葉を交わす。

昼に交わされる「こんにちは」はどういう意味だろう。これは「今日はご機嫌いかがですか」の略なんだ。だから、「こんにちは」と言われたら、「こんにちは」と返したあと「お陰様で元気です」などと言うのが正しい使い方なんだけど、いまはそこまで言う人はいないね。間違っても「こんにちわ」と書いてはいけないよ。

では、「さようなら」はどういう意味だろう。これは「さようならば、別れましょう」ということなんだ。「別れたくはないが、こういう状況なので仕方なく別れる」というニュアンスが含まれている。日本人は別れることが嫌いだったんだね。「さようなら」以外にも「それじゃあ」「では」「じゃあね」なんかもある。古い言い方だと「しからば」「さらば」なども同じ意味だ。「さらば」は「さ、あれば」の短縮形で、「そういうことであるならば」ということなんだ。意味はみな同じだ。

家から出て行く人に使う「行ってらっしゃい」は本来、「行っていらっしゃい」で、「行って帰って来なさい」と言っているんだ。「行ってきます」「お帰りなさい」は説明の必要はないだろう。「ただいま」は「ただいま帰りました」の略で、報告の意味が込められている。

日本語のあいさつは、この8語に「いただきます」「ごちそうさま」を足した10語が基本とされているけど、これだけ多いのは世界でも少ないらしい。それだけあいさつを重視した国民性であり、言語だといえるね。最近はあいさつがちゃんと言えない人が増えているそうだけど、みんなはあいさつをちゃんとできるようにしよう。

# サクニュー!!
## ニュースを入手しろ!!

産経新聞
編集委員 大野敏明

今月のキーワード

### 原発再稼働

検索

電気は私たちの生活には欠かせません。現在の日本はおもに水力発電、火力発電に加えて原子力発電によって、電気を供給してきました。

しかし、昨年3月11日の東日本大震災で、福島県の東京電力福島第一原発の1～4号機が地震と津波によって、炉心溶融を含むきわめて重大な事故を起こしてしまいました。

その結果、大量の放射性物質が拡散し、多くの周辺住民が長期間、避難生活を余儀なくされるという事態になりました。

こうしたことから、政府は原子力発電のあり方を抜本的に見直し、福島第一原発の4基を除く全国の残り50基の原発について、定期点検によって稼働を停止した後、再稼働を見合わせる措置をとりました。このため、6月末現在、稼働している原発は日本に1基もない状況になっています。

しかし、全電力の約30%を供給してきた原発を停止したままだと、夏の電力需要逼迫《ひっぱく》時に電力供給ができなくなり、最悪の場合、不意の大停電になる可能性が出てきました。

そうならないためには、計画停電といって、時間と場所を決めて停電を実施するしか方法がありません。とくに関西電力が担当している近畿地方では、この夏、供給が需要に追いつかない可能性が高く、そうなれば、国民生活や経済活動は大打撃を受けます。

そこで政府は福井県おおい町の関西電力大飯《おおい》原発3、4号機について、ストレステストや耐震基準をクリアしているとして、再稼働を行う方針を決めました。

これまでのところ、関西電力管内以外では、緊急に再稼働をしなくてはならない原発はありませんが、大飯原発の再稼働について、地元は賛否両論で大きく割れています。

関西電力大飯原発の運転再開について野田首相の会見が行われた首相官邸前で、再稼働に反対する人々(東京・永田町)
クレジット: 時事　撮影日:2012-06-08

賛成派の多くは、政府が安全だとしていることや、電力不足問題、原発で働く人の雇用問題などを理由にあげています。逆に反対している人の多くは、安全性に対する不信感があります。

野田首相は、「原発を停止したままだと、日本が立ちいかなくなる」として、再稼働をすべきだとの宣言をしました。これを受け、福井県知事やおおい町町長らが同意手続きを行いました。この結果、原発再稼働は時間の問題となっています。しかし、反対派はあくまで再稼働阻止を訴えています。また、福井県に隣接する滋賀県や京都府の知事も慎重な姿勢を崩していません。

# 高校受験 ここが知りたい Q&A

## Question

## 志望校の過去問はいつからどのように取り組めばよいですか?

私立高校を第1志望にしています。学校ごとに入試問題には特徴があるので、志望校の過去問題を解いた方がいいと聞いたのですが、いつごろから、どのように活用するのが効果的ですか、教えてください。

(川崎市・中3・SY)

## Answer

## 総まとめと弱点補強という姿勢で中学課程の勉強を終えてから

私立高校の入試問題は、学校ごとに出題傾向や取り扱い分野に特徴があります。ですから、過去問を丁寧に解いておくことは重要な入試対策と言えます。

過去問に取りかかる時期ですが、難度を知るという面では1学期などに早く取りかかるのも1つの手です。ただ、点数をはっきりと出して実際の入試問題のように取り組むのであれば、とくに数学に関しては中学校での学習領域をほぼ終えてから、塾でのカリキュラムで中3の範囲が終了したころに着手する方がいいでしょう。英語や国語は、数学とは異なり、少し早めに、夏休みの終わりもしくは9月初めごろからやってみるのもいいでしょう。

過去問の進め方は、最も新しい年度をあとに残しておき、年度をさかのぼってやってみるようにしましょう。可能であれば第1志望校は過去5年ぶん、少なくとも3年ぶんは当たるようにしたいものです。大切なことは、問題を解いて自己採点をしたあと、誤った部分のチェックを念入りにすることです。次に同種の問題を解くときには同じ誤りをしないようにするためです。最初はあまり得点は気にせず、復習に力を入れ、問題演習を通じて「総まとめ」と弱点補強をするという姿勢で臨んでください。徐々に点数が取れるようになってきます。

今月の1冊

# サクセス書評

8月号

**『だからこそできること』**

著／乙武 洋匡、武田 双雲
刊行／主婦の友社
価格／1300円＋税

**『だからこそできること』**

## 人と違ったって大丈夫。マイナスも見方次第でプラスになる！

大学在学中に自身のことを綴った「五体不満足」が大ヒットし、その後はスポーツライター、教師などさまざまな分野で活躍してきた乙武洋匡さんと、大学卒業後、NTTに3年間務めたあと、書道家に転身するという一風変わったキャリアを持つ武田双雲さん。この2人が、自分たちの経験をもとに1年半近くをかけて「教育」について語り合った対談本が、この「だからこそできること」だ。

2人は、のっけから初めて会ったとは思えない息のあった、そして思ったことをお互いに言い合うトークを展開していく。自他ともに認める「前向き」な2人が、どうしてそんなに前向きに日々を過ごしていられるのかを語り合う場面から対談は始まる。

じつはガキ大将だったという乙武さんと、できないことだらけだったのに、とにかく親にほめられたという武田さん。「個性」とはなにか、「親に愛される」ってどういうことなのか、「苦手なこと」などについて披露するそれぞれのユニークな視点には、「そうか、こんな考え方をする人もいるのか」と驚かされるのではないだろうか。

対談の間には東日本大震災があり、震災直後はさすがの2人も「どうすべきか」ということに悩んだという。しかし、家族や周りの人たちに支えられるなかで、持ち前のポジティブさを発揮していく。

印象的なのは、「落ち込んだ状態から、どうやって立ち直ったんですか?」と尋ねる武田さんに対して乙武さんが答えた「人から見たらマイナスに思える出来事、絶望的だと思える状況に直面した時に、『何かこれは意味があるんじゃないだろうか』と考える」という言葉だ。一方からはマイナスに感じられることも、見る人や見る方向を変えれば意味は変わってくる。

みんなも、勉強、部活動、人間関係など、うまくいかなかったり、人との違いに悩むこともあるだろう。そうしたときに、ぜひ手にとってみてほしい。「人と違っても大丈夫」、「きみだからできることがある」ということを教えてくれるはずだ。

# 映画で出会った すごい乗りもの!!

## ミニミニ大作戦

2003年/アメリカ/
パラマウント映画/監督:F・ゲイリー・グレイ

『ミニミニ大作戦 Blu-ray』発売中　発売元:角川書店
販売元:ポニーキャニオン　価格:¥4,935(税抜価格¥4,700)
TM & Copyright©2003 by Paramount Pictures. All Rights Reserved

### 追走劇の主役は小さなクーパー

「ミニミニ大作戦」というタイトルの意味がようやくわかるのが、クライマックスのカーチェイスシーン。普通、カーチェイスというと、パワーあり、スピードあり、ビジュアルもかっこいいスーパーカー的なイメージが膨らみますが、こちらはその真逆。小さくて軽くて小回りが利いて、すばしっこいミニクーパーが主役なのです。

裏切り者を成敗するため立ちあがった大泥棒たち。盗んだお金よりも、盗むというスリルに生きがいを感じる彼らは、意外にも人情味厚く、仁義ある泥棒集団でした。仲間のかたき討ちのため、綿密で大胆でトリッキーな金塊略奪計画を企て、実行に移します。

本作は1969年の同名映画をリメイクしたもので、根強いミニクーパーファンにはたまらない1作。英語版タイトルは「The Italian Job」で、裏切り事件のあったイタリアの強盗現場のことが映画のタイトルになっていますが、日本語版では、よほどミニクーパーの印象が強かったのか、「ミニミニ大作戦」というタイトルがつけられました。

## トランスフォーマー

2007年/アメリカ/ドリームワークス・
パラマウント映画/監督:マイケル・ベイ

「トランスフォーマー」DVD発売中　1,500円(税込)　発売元:パラマウントジャパン© 2007 PARAMOUNT PICTURES CORPORATION AND DREAMWORKS LLC. ALL RIGHTS RESERVED. HASBRO, TRANSFORMERS and all related characters are trademarks of Hasbro. © 2007 Hasbro. All Rights Reserved. TM & © 2012 Paramount Pictures Corporation and DW Studios L.L.C. All Rights Reserved.

### 精巧かつ大胆な変形シーンは圧巻

トランスフォーマーと言えば、アメリカで根強い人気を誇る変形戦隊ロボットですが、元々は日本のタカラトミー社で発売されていた玩具でした。これをアメリカの玩具社が業務提携し、商品化したのが、トランスフォーマーです。アメリカで大ヒットしたあと、日本へ逆輸入されました。戦隊ロボットが非常に複雑に変形し、さまざまな形の四輪車に姿を変えます。アメリカと日本では1980年台の半ばにテレビアニメも放映され、大ヒットを記録しました。

複雑に変形するシーンはアニメだからこそ可能なものと思われていましたが、2007年についに実写版となる本作が製作されました。人気アニメの実写化という重い責務を果たすために費やされた製作費は、じつに180億円（1億5000万ドル)。それだけに、オプティマス・プライムやバンブルビーらロボットたちのトランスフォームシーンは、2万以上もの部品を細工するなど、細部にこだわった素晴らしい仕上がりとなっています。オールスパーク略奪を狙う悪のディセプティコンとの戦闘シーンは必見です。

## バック・トゥ・ザ・フューチャー

1985年/アメリカ/ユニバーサルスタジオ/
監督:ロバート・ゼメキス

ユニバーサル映画100周年企画シネマコレクション「バック・トゥ・ザ・フューチャー」
DVD発売中　1,980円(税込)
発売元:ジェネオン・ユニバーサル・エンターテイメント
©1985 Universal Studios. All Rights Reserved.

### 永遠の夢という乗りものと言えば！

我々人間の永遠の憧れの乗りものと言えば…、そう、タイムマシンです。過去と未来を行き来する夢の乗りもの・タイムマシンを、巨匠ロバート・ゼメキスと総指揮を務めたスティーブン・スピルバーグの名コンビが、現実感がありながらもファンタスティックに描きました。

発明家の通称ドク博士は、完成したばかりのタイムマシンの実験を行います。燃料はなんとプルトニウム。実験は大成功するものの、喜びも束の間、ドクは、リビア人に襲撃され、機関銃で撃たれてしまうのです。立ち会っていたマーティ（=マイケル・J・フォックス）はタイムマシンに乗り込み、なんとか難を逃れるのですが…。たどり着いたのは30年前の1955年。しかし、燃料切れのため、現世へ戻ることができません。ここからさらなるハプニング続発。マーティは現世へ戻ることができるのでしょうか。

全米で大ヒットを記録し、1989年にはパート2が、1990年にはパート3が上映されました。タイムマシンにつけられたデロリアンという名前は、いまなお広く人々に親しまれています。

# 夏季・冬季オリンピック 日本代表各競技メダル獲得数

## ランキング

いよいよロンドンオリンピックの開幕が迫ってきたね。今回のサクセスランキングでは、オリンピックのスタートに合わせて、これまでの歴代オリンピック（夏季・冬季ともに）で日本代表の各競技が獲得したメダルをランキングにしてみた。みんなから見てみると、納得できる競技、「えっ」と驚く競技の両方があるんじゃないかな。

| 順位 | 競技名 | 合計メダル数 | 金 | 銀 | 銅 |
|---|---|---|---|---|---|
| **1** | **体操** | **92** | **28** | **31** | **33** |
| 2 | 水泳 | 74 | 20 | 25 | 29 |
| | 競泳 | 62 | 20 | 21 | 21 |
| | シンクロナイズドスイミング | 12 | 0 | 4 | 8 |
| 3 | 柔道 | 65 | 35 | 15 | 15 |
| 4 | レスリング | 56 | 24 | 17 | 15 |
| | フリースタイル | 45 | 20 | 12 | 13 |
| | グレコローマン | 11 | 4 | 5 | 2 |
| 5 | 陸上競技 | 22 | 7 | 7 | 8 |
| | トラック | 2 | 0 | 1 | 1 |
| | フィールド | 11 | 4 | 3 | 4 |
| | 道路競技（マラソン・競歩） | 9 | 3 | 3 | 3 |
| 6 | スケート | 22 | 3 | 7 | 12 |
| | スピードスケート | 15 | 1 | 5 | 9 |
| | ショートトラック | 3 | 1 | 0 | 2 |
| | フィギュアスケート | 4 | 1 | 2 | 1 |
| 7 | スキー | 15 | 6 | 6 | 3 |
| | アルペンスキー | 1 | 0 | 1 | 0 |
| | ジャンプ | 9 | 3 | 4 | 2 |
| | ノルディックコンバインド（複合） | 3 | 2 | 1 | 0 |
| | フリースタイル | 2 | 1 | 0 | 1 |
| 8 | ウエイトリフティング | 12 | 2 | 2 | 8 |
| 9 | バレーボール | 8 | 3 | 3 | 2 |
| 10 | 射撃 | 6 | 1 | 2 | 3 |
| | ライフル射撃 | 5 | 1 | 1 | 3 |
| | クレー射撃 | 1 | 0 | 1 | 0 |
| 11 | 自転車　トラックレース | 4 | 0 | 1 | 3 |
| 12 | ボクシング | 3 | 1 | 0 | 2 |
| | ソフトボール | 3 | 1 | 1 | 1 |
| | アーチェリー | 3 | 0 | 2 | 1 |
| | 野球 | 3 | 0 | 1 | 2 |
| 16 | テニス | 2 | 0 | 2 | 0 |
| | セーリング | 2 | 0 | 1 | 1 |
| | 芸術競技 | 2 | 0 | 0 | 2 |
| 19 | サッカー | 1 | 0 | 0 | 1 |
| | ホッケー | 1 | 0 | 1 | 0 |
| | 馬術　障害飛越 | 1 | 1 | 0 | 0 |
| | フェンシング | 1 | 0 | 1 | 0 |
| | テコンドー | 1 | 0 | 0 | 1 |

※JOC（日本オリンピック委員会）HP参照

# 受験情報

monthly topics 1

## 首都四都県・平成25年度入試日程

**東京**

・推薦入試
実施日　平成25年１月27日(日)・28日(月)
合格発表　平成25年２月１日(金)
・学力検査に基づく選抜
(1)第一次募集・分割前期募集
学力検査　平成25年２月23日(土)
合格発表　平成25年２月28日(木)
(2)分割後期募集・第二次募集
学力検査　平成25年３月９日(土曜日)
合格発表　平成25年３月13日(水曜日)

**神奈川**

学力検査　平成25年２月15日(金)
面接・特色検査　平成25年２月15日(金)、18日(月)と19日(火)
合格発表　平成25年２月28日(木)

**千葉**

学力検査　平成25年２月12日(火)・13日(水)
合格発表　平成25年２月19日(火)

**埼玉**

学力検査　平成25年３月４日(月)
実技検査・面接　平成25年３月５日(火)
合格発表　平成25年３月11日(月)

Educational Column

Column 70

# 15歳の考現学

## 都立高の推薦入試改革は社会に出てから必要な力を試そうとしていると考えよう

**森上《もりがみ》 展安《のぶやす》**

森上教育研究所所長。1953年、岡山県生まれ。早稲田大学卒業。進学塾経営などを経て、1987年に「森上教育研究所」を設立。「受験」をキーワードに幅広く教育問題をあつかう。近著に『教育時論』（英潮社）や『入りやすくてお得な学校』『中学受験図鑑』（ともにダイヤモンド社）などがある。


### 都立高の新推薦制度に見るこれから求められる力

都立高校の入試改革で推薦入試がどうなるか注目されていましたが、6月14日の教育委員会で新しい方式が明らかにされました。

それによれば埼玉や千葉、神奈川の推薦入試の削減とは異なり、推薦入試における内申点の比重を70％から50％にし、その一方、集団討論を導入、さらに小論文・作文、体育や美術の実技などを全校で導入する、としています。

また、総合学科やエンカレッジスクールの推薦枠を現行上限50％から30％に削減する、としています。

これによって、いわゆる1回の学力試験によらない、通常の授業での学力の積み重ねをみる内申評価の比重は、下げはしましたが残り、新たにコミュニケーション能力や読み書きと実技教科の評価という多面的な評価を加える形になりました。

学力テストによる選抜が5教科のペーパー試験なので、一方の学力選抜によらない推薦入試は、それ以外の能力を多方面に評価しようということなのでしょう。

もちろん、そうした選抜はよく考えられたものですばらしいのですが、現状よりはるかに選抜する側に人出や手間がかかり、かなり大切に推薦試験を考えてくれた、という感じがします。

これは周辺県と異なり都立高校側の1つの見識ともいうべきもので、推薦入試導入の意義を確認し、より理想的に実践させようとする努力とみることができます。

そもそも選抜のための評価は多様であるべきで、こうした少子化の時代になればなるほど1人ひとりを大切に扱ってほしいものだ、と思います。

とはいえ、受検をする側にとってみればここは考えねばなりません。

スポーツや絵などの実技ができてコミュニケーション力があって、普段の成績もよいという学校生活がうまく回っている推薦向きの生徒と、そういったところは不得意でどちらかというとめだたない生徒だが、ペーパー試験には力を出せるという学力試験向きのタイプがイメージできます。実際はそんな絵に書いたようにはいかない場合も多いでしょう。

よい例でいえばなんでも学校生活がうまく回っていて人気者で、かつ試験にも強い。一方、スポーツは総じてよいが内申点は凸凹、しかし実力テストや模擬テストでは3教科だけしか点が取れないというケースだってあるでしょう。

ともあれ、こういったいまの中学校生活への適応の仕方で高校進学に向けた進路の開き方がある、と考えてお目当ての学校の攻略法を都内生は考えていくことになります。

ただ今回新たに推薦入試のメニューに加わる集団討論は、4～5人で決まったテーマについて討論する形式で、評価の観点は都教委のホームページで公開されるそうです。

したがって、テーマになんの知識も関心もないものを出された場合、議論に口をはさむことさえ困難を感じるはずですね。おそらくそれを避けるために話題になりやすいテーマになることでしょうが、日ごろからの経験がものを言うことはこの集団討論でも同じです。

以前、通信制サポート校などでお世話になると大学のAO入試に対応した小論文、面接などが大変得意になる、というようなことを書きましたが、要はそうしたトレーニングをすることで自らのなかにあるプレゼンテーション能力や論文力は発掘・強化できるということです。

これと同じで、こうした集団討論にしてもやり方に慣れればうまく議論を進められるようにはなります。

先日、早大高等学院の先生に総合的な学習の時間を使ってディベートの授業を構築し、高校生のディベート甲子園で優勝したというお話をうかがいました。担当の先生は社会科の先生で国語の先生ではありませんでした。要はそこまでいくには内容的にも深くなければいけません。

集団討論というのですから1対1の討論ではなく、テーマに沿って論点を絞り込み、情報を共有しながら解決すべき問題に対して生産的な議論をしていく、ということでしょう。

まずはそのやり方に慣れ、一方でテーマについての知識を獲得し、深めなくてはいけません。最初は、推薦入試があるからやる、ということで一向にかまいませんのでトレーニングを積んでいきたいですね。

こうした発信の作業をしてみるとよくわかるのですが、じつはインプットを十分にしないとアウトプットができないことに気づきます。

テーマの解決のために本を読み頭に叩き込む、解決法が甘ければだれかから不備を指摘されるでしょう。あるいはそれを凌駕《りょうが》する策を出してくるかもしれません。口惜しい思いもするでしょう。

また正確な知識にするために絵や図、表というものが役立つし効率的ですから〝見える化〟されるモノを要求するでしょう。

さすがに入試では、そうした図表の持ち込みなどはできないでしょうが、そのぶん、説得的な言い回しが有効になるでしょう。

ともあれ推薦入試の変化に伴いこういった手法の教育が脚光を浴びてくることになりそうです。

ですが、これは推薦入試に限った話ではなくじつに汎用性は高く、大学のAO入試にはもちろんですが、むしろ、その後の社会生活になくてはならないものです。

このような入試が示されることで入試に備えることが、社会に備えることになる、という点が大きな意義になります。

## 青山が進学重点校はずれる その動きが示すもの

さて、都教委の発表についてはもう一つ、青山が進学指導重点校からはずされるという決定も出ました。

これは受験生にとっては今後のことですから、なかにいる人ほどのインパクトはありませんが、それでも青山を志望していた方にとっては大きな条件の変更になります。

いまの時代は高校の方針で大学進学はやはり大きく左右されます。青山が指定をはずされたのはそれだけのパフォーマンスが維持できなかったからということなのでしょう。

この場合のパフォーマンスは進学上のパフォーマンスであって他のことではありません。学校には文化があって、進学実績などで、それは昨日今日変わるものではありません。青山の校風を慕う人は進学実績が多少変わろうとあまり志望は変えないでしょう。

一方で、進学指導重点校の場合は求められるパフォーマンスがあってのことで進路機能にフォーカスした学校という見方です。

やはりやりたい仕事、つきたい仕事が意識できれば、どのような進路が適切かはわかるのですが、いまはそこが不安定なのです。

推薦入試にしろ学力選抜にしろ、その先の世界があっていまが見えてくる。不安定なことはどうしようもありませんから、いまは自らのスキルを磨き、強みをより多く持つようにすることに力を注ぎたいですね。

# 私立★INSIDE

## 2012年度
## 神奈川私立高校入試結果

今回は神奈川県私立高校の今春入試について、各校が発表した受験生の数からその人気ぶりを、前年と比較しながら探ってみます。全体的には私立高校への志望者数に大きな減少はみられませんでした。

（協力：新教育研究協会）

神奈川では、公立高校志向が高まっているなかでの入試と言われていましたが、私立高校への志望者数に大きな減少はみられませんでした。志望状況調査でも増えている学校がたくさんあります。併願者が増加しているだけでなく、推薦入試での志望者も増えているところが多いのも特徴です。これには私立高校への授業料支援制度が浸透してきたことも影響していると思われます。

来年度は公立高校入試の大幅変更がありますので、私立高校入試では、単願での志望者がより一層増加する可能性がありそうです。

### 〈共学校〉

**旭丘**は普通科の志願者が減少しています。来年度は制服のリニューアルを予定していますので、志願者にどうはねかえってくるか注目です。

**麻布大淵野辺**の一般入試はこの3年間安定した志望者を集めています。

**アレセイア湘南**は「オープン入試」の日程を2／11と2／14の2回から、11日のみの1回とし、2回目の定員ぶん15人を一般入試に上乗せしました。また、内申基準を2年＋3年の5科という選択肢をなくし3年5科のみとしました。「進学コース」の志望者は若干増加しましたが「特進選抜コース」と「進学特化コース」は若干減少しました。

**鵠沼**は3科の基準を5科の基準に変更したことが影響したのか、推薦、一般入試ともに志願者は減少しました。

**向上**は「選抜コース」と「文理コース」の基準を引き上げました。「選抜コース」はその影響から敬遠され、推薦、一般入試ともに志願者が減少しました。しかし、「文理コース」は前年23年度並みの志願者を集めています。「特進コース」は23年度に基準を9科または5科から2年＋3年の5科にしたため志願者が減少していましたが、今春はやや回復しました。

**光明学園相模原**は志願者が増加傾向にあります。入学者も年々増えており、今春は定員440人に598人の入学生がいます。

**湘南学院**は一般入試の「スタンダードクラス」の志望者が減って、「スタンダード選抜クラス」の志望者が増えています。来年3月に同じ横須賀市ですが、ひと駅違いの校地に移転します。駅は京浜急行の「北久里浜」から徒歩10分になります。

**湘南工科大附属**は「進学アドバンス」と「進学ベーシック」で基準を緩和しています。そのために志願者はともに増加しました。一般入試だけで志望者は約200人増加しています。

**相洋**は「特進コース」と「文進コース」の基準を若干引き上げました。「特進コース」の一般入試の志願者が減少しましたが、全体的には前年23年度度並みの選抜状況となりました。

**横須賀学院**はⅡ期選抜の定員を増やしましたが、志願者はほぼ前年度並みとなっています。

**立花学園**は、推薦、一般入試ともにほぼ23年度並みの志願者を集めています。

**東海大相模**は23年度、内申基準に5科の選択肢を加えましたが、男子の志願者が若干減少し実質倍率が2年連続で1・0倍台となりました。今春はその反動があったのか男子の志願者が40人増加して実質倍率が21年度並みに戻りました。

昨年大幅に志願者が増加した**日本大学**は内申基準をアップし、併願入試を1回にしたことなどが影響して志願者は大幅に減少しています。

**日本大学藤沢**は23年度に「オープン入試」を取りやめて志願者は減少しましたが、今春は若干回復しています。他大学受験にも力を入れており日本大学への進学者は年々減少して、他大学受験者が増加しています。

**平塚学園**は推薦一般入試ともに「特進コース」の志願者が増加し「進学コース」と「文理コース」の志願者が減少しています。減少とはいえ、学校説明会の参加者数、受験希望者が増加していますので、来春以降、上昇の可能性はあります。入学者数は定員500人対し581人でした。

**山手学院**は、内申基準がワンランク厳しくなった結果、併願入試の志願者が減少し、定員は減少しましたが一般入試の志願者が増加しています。

**横浜学園**は、一般入試の志願者が増加しました。**横浜清風**が基準をアップした影響と思われ、その基準に達しない生徒が移動してきたようです。

**横浜商科大学高**は、推薦、一般入試ともに志願者が減っています。来春から新設する「スポーツ選抜コース」に期待したいところです。

共学化2年目の**横浜翠陵**は、推薦入試は前年度並みでしたが一般入試の志願者が大幅に増加しました。

**横浜清風**の「総合進学コース」の志願者が、推薦、一般入試ともに志願者減となりました。これは9科25→27（推薦併願共通）と内申基準をアップしたからです。

**横浜創英**は、「特進コース」の志望者が増加しています。これは特進コースの生徒も部活動への参加が可能になったことが、その要因かと思われます。

## 〈別学校〉

**桐蔭学園**は内申基準に、英検準2級だけでなく漢検と数検も加え2回目の入試日程を2／12から2／11に変更しました。その影響かどうかは来春を見なければわかりませんが、今春は志望者数が減少しています。

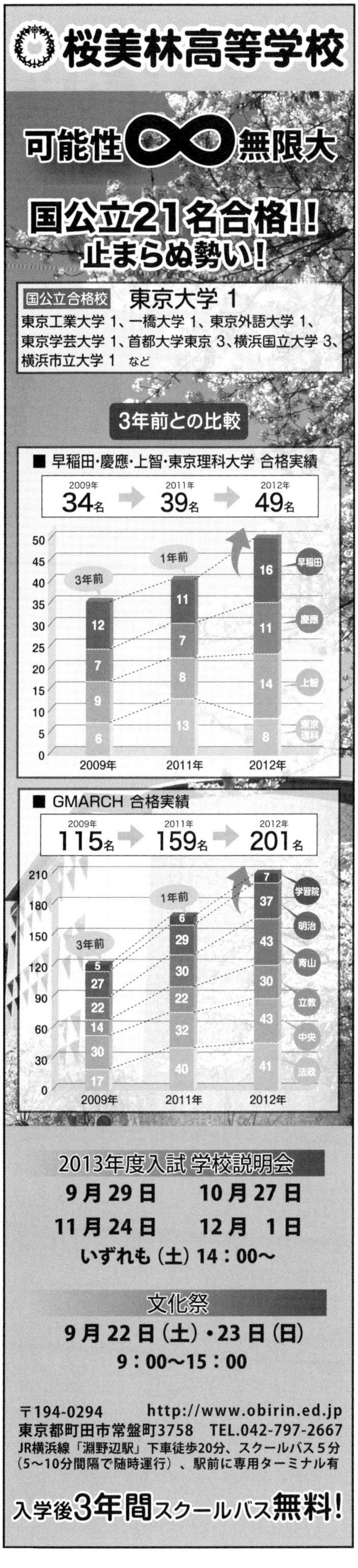

桜美林高等学校
可能性∞無限大
国公立21名合格!!
止まらぬ勢い!
国公立合格校 東京大学 1
東京工業大学 1、一橋大学 1、東京外語大学 1、
東京学芸大学 1、首都大学東京 3、横浜国立大学 3、
横浜市立大学 1 など
3年前との比較
■ 早稲田・慶應・上智・東京理科大学 合格実績
2009年 34名 → 2011年 39名 → 2012年 49名
3年前
1年前
早稲田
慶應
上智
東京理科
2009年
2011年
2012年
■ GMARCH 合格実績
2009年 115名 → 2011年 159名 → 2012年 201名
学習院
明治
青山
立教
中央
法政
2013年度入試 学校説明会
9月29日 10月27日
11月24日 12月 1日
いずれも（土）14：00～
文化祭
9月22日（土）・23日（日）
9：00～15：00
〒194-0294 http://www.obirin.ed.jp
東京都町田市常盤町3758 TEL.042-797-2667
JR横浜線「淵野辺駅」下車徒歩20分、スクールバス5分
（5～10分間隔で随時運行）、駅前に専用ターミナル有
入学後3年間スクールバス無料!

## 〈男子校〉

**藤嶺学園藤沢**は、内申基準のうち3科の選択肢をなくし、9科の基準を34から36に引き上げ、「書類選考方式」の志願者が増加しました。来春も、公立の入試改革に合わせて入試方式の変更を検討していますので注意が必要です。

**藤沢翔陵**は内申基準のうち3科と5科の基準は変えずに、135点満点の9科の基準を引き上げました。それでも各コースで志望者が増えています。

**武相**は「推薦Ⅱ」と「一般入試のオープン入試」をやめ、「一般A日程」「同B日程」としてさらに「C：書類選考」を導入しました。また内申基準に3科の選択肢を加えるなど、「受けやすさ」を押し出した入試としました。結果は推薦、一般入試ともに志願者が増加、学校側の狙いが奏功したといえます。

**法政第二**は、書類選考、一般入試ともに志願者が増加しました。平成28年度より中学と高校同時に男女共学になり校舎も新しくするということを5月末に発表しています。これからが注目の学校となっています。

## 〈女子校〉

**相模女子大学高**は「特進コース」の併願基準を緩和したため志望者が増加しています。

**函嶺白百合学園**は推薦10名、一般15名と小規模入試となっています。来年度は一般入試の試験科目が変更されます。今春までは英語と作文だったのですが、国数英の3科目となる予定です。

**高木学園女子**は、前年の23年度入試で、内申基準をアップしたため志願者は減少しましたが、今春は反動からか、志望者数が回復しています。もしもと人気の高い学校で、特に普通科と家庭科が多くの志望者を集めました。

23年度入試で人気の高かった**中央大学横浜山手**ですが、公立併願者を意識した5科入試型を新設し122名の志望者を集めました。ただ、併願入試をやめた影響か、志願者数は前年度並みです。来年度に港北ニュータウンに移転し、中学が共学化、高校は平成26年度からの共学化が予定されています。

**白鵬女子**は「セレクト」と「総合」の2コース制に、「メディア」と「スポーツ」を加えた4コース制としました。そのぶん「セレクト」「総合」ともに定員は減少したのですが、一般入試では併願の志望者が増えています。

校舎が新しくなったこともプラスと出ました。カフェテリアも10月に完成するそうですし、平成25年度からは「国際コース」を新設する動きもありますので、上昇機運を維持したいところです。

**法政大学女子**は前年度の志願者減・実質倍率ダウンの反動で志願者が集まり、実質倍率が3倍を超えて久しぶりに厳しい入試になりました。


Be Winners
SAKAE

大規模校でありながら
少人数制のきめ細やかで
面倒見の良い「SAKAE」

**学校説明会** 10:00～
- 9/ 8（土） ▪9/29（土）

**入試相談会** 10:00～13:00
- 10/20（土）▪10/27（土）▪11/17（土）
- 11/24（土）▪12/ 1（土）▪12/15（土）
- 12/16（日）▪12/23（日）▪12/25（火）

※10/20・11/17・12/16の3日間は、αコース説明会も合わせて実施します。

**部活動体験会** 13:00～
- 8/20（月） ▪9/ 8（土）

**入試問題解説会** 13:00～
- 9/29（土） ▪10/6（土）

**普通科学習体験会**（予約制）10:00～
- 8/24（金） ▪8/25（土） ▪8/26（日）

※予約制の普通科学習体験会以外の、予約は不要です。

**校外学校・入試説明会** 13:20～17:00
- 9/17（祝）▪10/ 8（祝）▪10/21（日）

※鴻巣・北本で実施します。（予約制）
詳細は本校ホームページにてご確認ください。

埼玉栄高等学校
JR川越線「西大宮駅」より徒歩3分
JR高崎線「宮原駅」よりバス7分
〒331-0047
埼玉県さいたま市西区指扇3838番地
埼玉栄入試広報センター
TEL・FAX 048-623-2233
http://www.saitamasakae-h.ed.jp/

# ご提案型の教育旅行会社って？

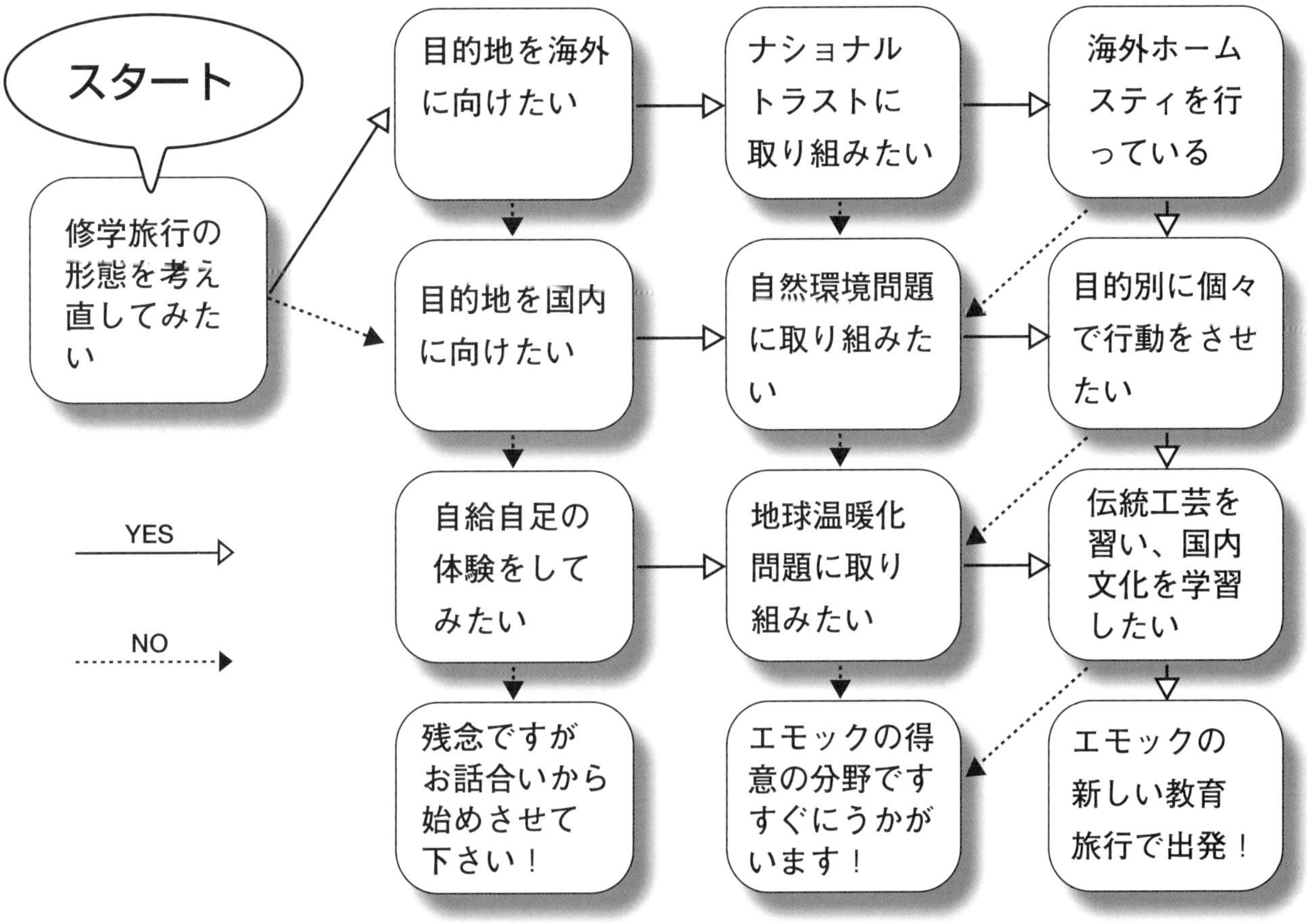
スタート
修学旅行の形態を考え直してみたい
目的地を海外に向けたい
ナショナルトラストに取り組みたい
海外ホームステイを行っている
目的地を国内に向けたい
自然環境問題に取り組みたい
目的別に個々で行動をさせたい
自給自足の体験をしてみたい
地球温暖化問題に取り組みたい
伝統工芸を習い、国内文化を学習したい
YES
NO
残念ですがお話合いから始めさせて下さい！
エモックの得意の分野ですすぐにうかがいます！
エモックの新しい教育旅行で出発！

従来の名所旧跡を訪ねる修学旅行から、最近ではさまざまなテーマを生徒個々または小グループごとにコンセプトメークしひとつの社会貢献の一環として、位置づける学習旅行へと形態移行しつつあります。

小社では国内及び海外の各種特殊業界視察旅行を長年の経験と実績で培い、これらのノウハウを学校教育の現場で取り入れていただき、保護者、先生、生徒と一体化した旅行づくりを行っております。

一例

- 海、山、川の動物、小動物の生態系研究
- 春の田植えと秋の収穫体験、自給自足のキャンプ
- 生ごみ処理、生活廃水、産業廃棄物、地球温暖化などの環境問題研究
- ナショナルトラスト（環境保全施設、自然環境、道の駅、ウォーキング）
- 語学研修（ホームスティ、ドミトリー、チューター付研修）など

[取扱旅行代理店]　**（株）エモック・エンタープライズ**

担当：山本／半田

国土交通大臣登録旅行業第1144号
東京都港区西新橋1-19-3　第２双葉ビル２階
E-mail:amok-enterprise@amok.co.jp

日本旅行業協会正会員（JATA）
☎ 03-3507-9777（代）
URL:http://www.amok.co.jp/

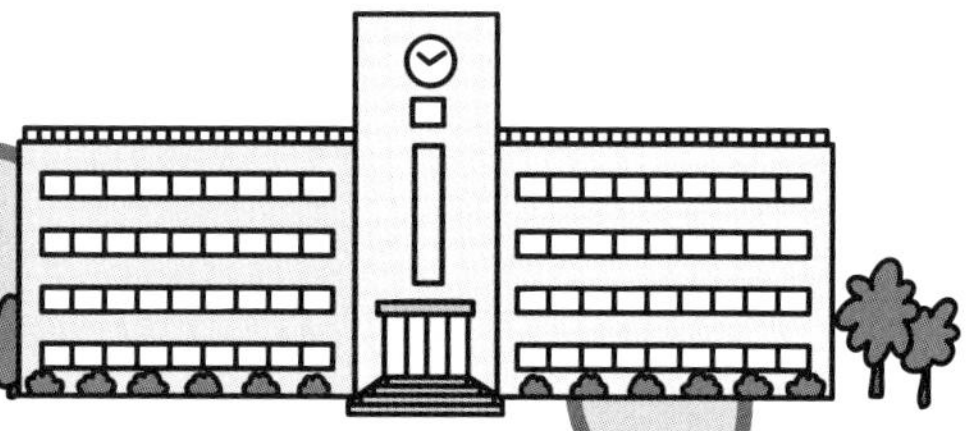

# 公立★CLOSE UP

## 大きく変化している首都圏の公立高校

安田教育研究所　代表　安田 理

　首都圏ではどの都県でも、公立高校の様子が保護者のころとは大きく違ってきています。お子さんが受験学年を迎えるにあたり、最近の公立高校事情について２回に分けて解説しましょう。



　まずは高校自体の変化を取りあげましょう。少子化を受けてどの都県でも公立高校の統廃合が進んでいます。統合されて新たにスタートする高校は、保護者のころにはなかった新しいタイプの高校がほとんどです。

　その一方、公立高校の復権をめざして、大学進学に力を入れる高校を指定する動きも各都県に広がってきています。後半では、そうした動きについても見てみましょう。

### 統廃合が進む公立高校

　少子化の進行で、中学校卒業生がどんどん減っているので、現在学校数が受験生数に比べて多い状態になっています。そこで、どの都県でも高校長期再編計画を立て、今後高校教育をどうしていくか検討しています。

　その再編計画実施の過程で、統廃合によって高校の数自体が減っています。ですから保護者のなかには、母校が違う校名の学校になってしまったというかたもいらっしゃることと思います。

　統合により新しく誕生した学校の多くは、保護者のかたが高校生のころにはなかった新しいタイプの学校になっています。

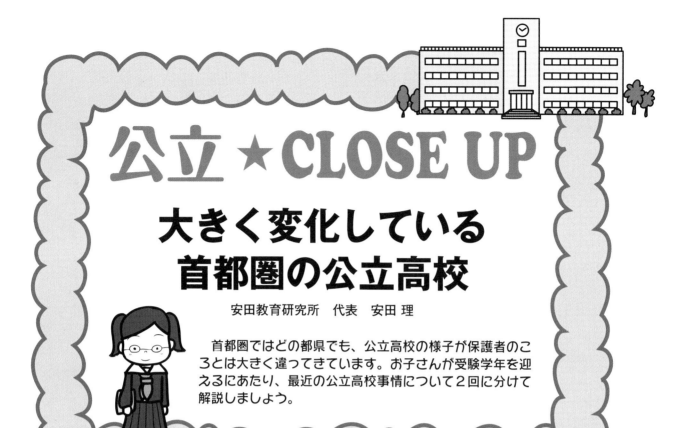

　まず保護者のころとどういう点が変わったのか、整理してみましょう。

■保護者の時代

・全日制・定時制（夜間）

・学年制

・普通科・職業科

■現在

・全日制・定時制（午前・午後・夜間の時間帯から自分の生活に合った時間帯を選べる「多部制」を導入するケースも）

・学年制のほかに単位制も

・普通科（特色あるコースを設置しているケースも）・専門学科・総合学科

**○単位制**

　学年制では各学年で履修する科目と単位が決められていて、それを落とすと留年ということになります。そうなると中退してしまうケースが多いために、学年ごとに進級するのではなく、卒業までに必要単位74単位を取ればいいという仕組みにしたものが単位制です。

　いまでは、学年の枠にとらわれず履修できるので、東京都立**新宿**、神奈川県立**小田原**、千葉県立**東葛飾**、埼玉**県立浦和**など有力な進学校で単位制にしているところもあります

（横浜市立高校の普通科はその多くが単位制）。

**○専門学科**

以前は高校卒業段階で就職する人が多数派だったので、職業科という言い方をしていました。職業科のなかには、「商業科」、「工業科」、「農業科」、「家政科」などの学科がありましたが、こうした科で学んでも就職する人ばかりではなくなったので専門学科という言い方に変わっています。

また科も、「理数科」「英語科」「国際学科」といった普通科に近いものから、「科学技術科」「美術科」「音楽科」「体育科」「福祉科」など、多種多様な科が出現しています。

首都圏以外でも地域によってはいかにもその土地らしい科が設置されています。例えば、岩手県の種市高校には「海洋開発科」（潜水士も養成）が、奈良県の法隆寺国際高校には「歴史文化科」が、滋賀県の信楽《しがらき》高校には「セラミック科」があるといった具合です。

また、以前は普通科には通学区域を設けることになっていたために、学区制のある道府県では学区を越えて優秀な生徒を集めるために普通科高校があえて専門学科を設置するケースもあります。

こうした専門学科の設置で京都大学合格者が飛躍的に増加し、全国的に有名になった京都府立堀川高校の「人間探求科」・「自然探求科」をはじめ、京都府立嵯峨野高校の「京都こすもす科」、京都市立西京高校の「エンタープライジング科」、兵庫県立神戸高校の「総合理学科」などがそうした一例です。

**○総合学科**

15歳ではなかなか進路を決められないために、普通科目から専門性の高い科目まで幅広くそろっている普通科と専門学科の性格を併せ持つ総合学科も生まれています。多種多様な選択科目のなかから、自分の興味・関心や進路希望に応じて選択し、自分の時間割を作って学習できるのが大きな特色です。

1年次に「産業社会と人間」などの科目を学び、2年次から「情報ビジネス」「国際コミュニケーション」「生産テクノロジー」「社会福祉」などの1つの系列（設置されている系列は母体となった高校の科をベースにしていることが多い）を中心に学習するようになっています。

なお、総合学科はすべて単位制です。

## 現在の生徒の実態に合わせたタイプが開校

ここまで各都県に共通する高校の変化を取りあげましたが、そのほか、名称としては都県ごとに異なりますが、生徒の実態に合わせた特色のある学校を設置しているところもあります。それらはカタカナの名称をつけられていることがよくあります。

例えば東京を例に取ると、

・「チャレンジスクール」…中学校時代に学校生活になじめず、能力を十分発揮できなかった生徒が対象。無学年制で3部制（午前部・昼間部・夜間部）の総合学科。

・「エンカレッジスクール」…中学校時代に学力面などで課題を抱えた生徒が対象。少人数・習熟度別授業、体験学習重視の普通科。「元気づける」という意味の名称は、まさに『名は体を表す』です。

こうした名称は都県ごとに違うので、ご自分の県ではどのような名称がつけられているのか、教育委員会のHPなどでチェックしてみるのもおもしろいでしょう。

同様の高校に、神奈川では「フレキシブルスクール」「クリエイティブスクール」、埼玉県では「パレットスクール」という名称がつけられていますが、名称からは学校の性格がピンとこないのではないでしょうか。

## 大きく異なる勉強内容

以前なら職業科の専門科目を除けば、どこの高校でもほぼ同様の科目を勉強していました。教室で机に向かって、1時限50分、現代国語・古典・地理・歴史・数学・物理・化学・英語・音楽……といった科目を勉強する姿は全国どこの高校でも普通に見られた光景でした。

ところが、中学卒業生の96％もが高校へ進学するようになると、中学の成績がほとんど「1」だった生徒まで入ってくるわけで、従来型の授業が成り立たなくなってきたのです。こうした学校では1時限の授業時間が30分だったり、体験型（机に向かうのでなく体を動かすことが主）授業が多くなったりしています。体験型では「フードデザイン」「ガーデニング」など、従来の観念では高校の科目とは思えないメニューも存在しています。

先に普通科のなかにも特色がある「コース」があることを記しました

が、普通科でも国語・数学・社会・理科・英語といった普通科目に加えて専門学科ほどではないですがユニークな科目を学べる学校もたくさんあります。

　例えば、東京都の**片倉**には「造形美術コース」が、千葉県の**千葉商業**には「観光ビジネスコース」が設置されているといった具合です。2014年には、千葉県の**東葛飾**に「医歯薬コース」が、同じく**千葉女子**、**安《あ》房《わ》**に「教員基礎コース」が設けられる予定になっています。

　保護者のかたの時代はレベルに違いはあってもどこに進んでもなにを学ぶかは大きく違いませんでした。ですが現在は、これまで述べてきたようにどこの学校に入学したかによって、学校生活は全く異なります。それだけ学校選択に慎重さが要求される時代になっているのです。

## 指定校の取り組みは東京都がはしり

　特定の学校を「進学重点校」に指定したのは東京都が最初ですが、いまでは他県にも広がっています。

〈東京〉

・2000年　**墨田川**を進学重視型単位制に指定。その後2校を追加指定。

**墨田川**、**国分寺**、**新宿**

　それまで公立高校にも公然としたレベルの違いはあったものの、公に特定の学校を別扱いするようなことはありませんでした。そこで、**墨田川**で実験をして、こうしたことに対する、マスコミ、都民の反応を見たわけです。それがとくに反発を呼ばないことがわかり、翌年本命の施策を発表しました。

・2001年　**日比谷**、**戸山**、**西**、**八王子東**を「進学指導重点校」に指定。その後3校を追加指定。

**日比谷**、**戸山**、**西**、**八王子東**、**青山**、**立川**、**国立**

・2007年　5校を「進学指導特別推進校」に指定。

**小山台**、**駒場**、**新宿**、**町田**、**国分寺**

・2007年　10校を「進学指導推進校」に指定。2010年に**江北**以下の4校を追加指定。

**三田**、**国際**、**豊多摩**、**竹早**、**北園**、**墨田川**、**城東**、**小松川**、**武蔵野北**、**小金井北**、**江北**、**江戸川**、**日野台**、**調布北**

・2012年6月、つい最近ですが、2013年度から2017年度までの5年間、**日比谷**、**西**、**国立**、**八王子東**、**戸山**、**立川**の6校を「進学指導重点校」に指定することが発表されました。**青山**は在校生のための特例措置として2013年度・2014年度の2年間に限り指定するとしています。

　「進学指導特別推進校」各校の実績はいずれも「進学指導重点校」の水準に達していないため、新たに加わった学校はありませんでした。

　このように東京ではたくさんの高校を段階をつけて指定したり、指定の見直しを行ったりしています。

## 各地で広がる「進学重点校」指定

〈神奈川〉

・2007年　それまであった「総合的な学力の深化・充実に関する実践校」の指定の見直しを行い、名称も抽象的なものからズバリ「学力向上進学重点校」に変更。2010年に**横浜緑ヶ丘**以下の8校を追加指定。

**横浜翠嵐**、**光陵**、**柏陽**、**横浜国際**、**多摩**、**横須賀**、**鎌倉**、**湘南**、**平塚江南**、**小田原**、**横浜緑ヶ丘**、**希望ヶ丘**、**川和**、**追浜**、**相模原**、**秦野**、**厚木**、**大和**

〈千葉〉

・2004年　**木更津**、**佐原**、**千葉東**、**長生**、**県立船橋**の5校を「進学指導重点校」に指定。その後も2校ずつ追加指定。

**木更津**、**佐原**、**千葉東**、**長生**、**県立船橋**、**安房**、**東葛飾**、**佐倉**、**成東**

〈埼玉〉

・2010年　それまであった「進学指導総合推進事業研究指定校」を入れ替えて、伝統校中心の「進学指導重点推進校」を新たに指定。

**県立浦和**、**浦和一女**、**大宮**、**浦和西**、**春日部**、**不動岡**、**越谷北**、**県立川越**、**川越女子**、**熊谷**、**熊谷女子**

　こうした、学力の高い生徒を集めて予算・教員人事の面で学習環境を整えるシステムが各都県に急速に広がってきています。

　そのため、2番手以下の学校との間のレベル差が開く傾向にあり、2番手の学校は以前より入りやすくなっていること、またできる子が特定の学校に吸いあげられてしまって、4番手以下になるとお手本となる子がいないために学校が勉強に適した環境になっていない学校も生まれています。

　こうした学校自体の変化により、学校のなかの様子が以前とは変わってきていることにも注意したいものです。

躍進中の武蔵野大学（薬・看護・文・政治経済・人間科学・環境・教育・グローバルコミュニケーションの8学部）との
併願優遇制度を利用して、ワンランク上の進路実現へ
2012年度
高等学校説明会日程
高校説明会（予約不要）
・武蔵野女子学院の教育内容・入試要項などについて詳しい説明をいたします。
・各回で在校生による学校紹介などスペシャルテーマを設けて実施します。
10月 6日(土) 14:00～16:00
11月 3日(祝) 10:00～12:00
12月 1日(土) 14:00～16:00
高校個別相談会（※要予約）
11月10日(土) 10:00～15:00
11月24日(土) 10:00～15:00
12月 8日(土) 10:00～15:00
12月22日(土) 10:00～15:00
◎学校相談随時受付 事前にお電話にてお申し込みください。
サマースクール2012（予約不要）
8月25日(土) 10:00～12:00
樹華祭（文化祭）＊チケット制（受験生は入場可）
10月13日(土) 11:00～16:00
10月14日(日) 10:00～16:00
樹華祭（体育祭）＊チケット制（受験生は入場可）
9月29日(土) 9:00～15:00
授業・クラブ見学会（クラブ「体験」は要予約）
11月17日(土) 8:30～17:30
自分のままで、自分をのばす。
MJ
武蔵野女子学院高等学校
■進学コース ■薬学理系コース
〒202-8585 東京都西東京市新町1-1-20 TEL 042-468-3256・3377（入試相談室直通）
http://www.mj-net.ed.jp/

# 高校入試の基礎知識

# 来春入試から実施
# 東京都立高校の推薦入試改革

**6月、東京都立高校の推薦入試改革の実際が発表されました。来春入試から実施されますので、現在の中学3年生の受験生、保護者にとっては、理解を深めておくことに越したことはないでしょう。**(『高校受験用語辞典下』は次号に掲載します)

## 「推薦入試」は継続実施

東京都教育委員会は、現在の中学3年生を対象とした来年1月実施(27日・28日)の都立高校推薦入試改革の具体策を発表しました。

おもな変更点は、集団討論の導入と調査書(内申書)の配点率引き下げで、推薦入試そのものは一定の評価のもとに入試制度として残すことになりました。埼玉、千葉、神奈川各県が推薦入試を全廃し、学力検査一本に突き進んだのとは対照的です。

これは、学力検査とは違う観点からの選抜方法を探って実施されてきた推薦入試の原点に立ち返り、「やはり多角度から、多面的に」「学力検査に基づく選抜で入学する生徒とは異なる能力を有した」生徒を選抜したいという判断でしょう。

発表によると、推薦入試制度の形態はそのまま残しますが「合格基準があいまい」などの批判に対する改善策として、個人面接に加え、集団討論を導入します。また、これまで全日制普通科では7割の比重を占めていた調査書(内申書)の配点を5割に引き下げることとしました。

## 集団討論の導入

推薦入試での集団討論の導入は全国の公立高校でも初めてのことといわれ、都教委はこれまでにも増して思考力やコミュニケーション能力を重視していく方針です。

集団討論は、原則として全校の推薦入試で個人面接とは別途行われ、5人程度のグループごとに討論をします。司会は試験官が務めます。受験生は示されたテーマについて、1人ずつ意見を述べ、他の受験生の意見を聞き、それを参考に再び考えるところを述べる形式になりそうです。意見を戦わせるディベートのような形は取りません。

知識を問うものではないので、テーマは身近なものとなり、だれでも知っていることや見たことのあるものとなります。知識があるかないかで不公平にならないようにする配慮です。また、テーマが示されたあと、メモをとったり考えたりする時間は与えられますので、いかに緊張せず、リラックスして自分の考えをまとめられるかがカギとなるでしょう。

テーマの例として、読売新聞の記事(6月14日夕刊)では「携帯電話の学校への持ち込みについて」などをあげていますが、これから各校独自に検討する段階で、入試当日まで公表されることはありません。

集団討論について、都教委は「他人の話を正しく理解する力や、自分の意見を明確に伝える表現力を評価する」としています。

集団討論と個人面接を含めた各検査(小論文・作文、実技検査等)の評価の観点は、10月1日以降、最初の学校説明会までに各校のホームページで公表されます。

## 新たな不公平が生まれぬよう

発表された集団討論の実施ですが、入学者選抜を担う先生たちの間には懸念もあるといいます。初の試みでもあり採点方法や配点は各校に任されているとはいえ、9月中までに詳細を決めて公表するのは大変な作業です。また、実際の集団討論をどのように実施し、採点していくのかも「これから」です。

「成績はいいがおとなしい」「人前で話すのが苦手」なタイプの受験生に優秀な生徒もいる。そのような生徒を見逃さないようにしたい、と話す先生もいます。

集団討論が、新たな不公平を生むことのないよう見守っていく必要がありそうです。

学校側は事前のホームページ発表時に、評価のポイントを受験生にわかりやすく示すことが絶対に必要です。このことは、各校に最低限求められる使命といってよいでしょう。

なお、エンカレッジスクールでは個人面接で学び直しの意欲などを問うていること、専門学科高校では実技検査に長時間を要することから、集団討論を行わない学校もあります。

## 調査書の比重は軽く

全日制普通科の推薦入試では、これまでは平均で7割を占めていた調査書（内申書）の配点率が5割以下になります。残りは前述の集団討論や個人面接、小論文・作文の成績で判断するとされています。

今回の比重引き下げは、これまでの7割比重では調査書点によって合否がほぼ決まってしまうため、「学力検査に基づく選抜」で入学する生徒とは異なる力を持つ生徒を入学させようとする推薦入試の趣旨に反するのでは、という声に答えたものです。

調査書の比重が変われば、推薦入試の合否も変わります。これまでは中学校での成績が伸びず、内申書の内容が悪くてあきらめていた受験生にも合格の可能性が広がります。

今春までの都立高校推薦入試は、内申点の数値どおりに合否が出ていたといっても過言ではありません。つまり、入試の前に結果はほぼ予想できていたのです。

今後は調査書の配点比重が下がりますので、当日の集団討論や個人面接、小論文などの点数によって合格のチャンスが出てきます。

中学校の内申を気にすることなく入試に臨むことができ、「内申書は教諭の主観が入る」「中学校によってばらつきがある」といった不満もある程度解消されるとみられます。

## 検討続けてきた「推薦入試」

都立高校では、この春は島しょの高校などを除く170校で実施され、全入学生の4分の1強が推薦で入学しています。

推薦入試をめぐって、これまで都教委は議論、検討を重ねてきました。

推薦入試の合否は学力検査に代えて、調査書（内申書）、面接や小論文、作文などを点数化して判断しています。

中学側が作成する調査書が大きな

■学校説明会＆個別相談＆学校見学（要予約）10:00～12:00
7/22(日)・7/29(日)・8/4(土)

■体験入学（要予約）
8/26(日) 9:00～12:00

■銀杏祭（学園祭）※ミニ説明会（当日受付）を実施します
9/15(土)・16(日) 10:00～15:00

■入試説明会 ※当日受付
9/30(日) 午前・午後　10/8(月祝) 午前・午後
11/3(土祝) 午前・午後　11/11(日) 午前・午後
11/24(土) 午後　12/1(土) 午後
12/8(土) 午後
午前の部/10:00～11:30
午後の部/14:00～15:30

■個別相談会（要予約）
10/14(日) 午前・午後　10/28(日) 午前・午後
11/4(日) 午前・午後　11/18(日) 午前・午後
11/25(日) 午前・午後　12/2(日) 午前・午後
12/9(日) 午前・午後
午前の部/ 9:00～12:00
午後の部/13:00～16:00

■授業公開日（要予約）
10/20(土) 9:30～11:30

■イブニング入試説明会（要予約）
11/16(金) 18:00～19:00

■特待生選考入試解説会（要予約）
11/23(金祝) 9:00～13:00

■学校見学（要予約）
＊8月中 1～4日、6～11日、20～22日に実施
午前の部 10時集合　午後の部 14時集合
＊9月以降は水・土曜日に実施
祝日および12月29日、1月2日は除く
見学の時間は予約の際に確認

# 豊南高等学校

〒171-0042 東京都豊島区高松3-6-7
TEL.03-3959-5511 FAX.03-3959-5554
http://www.hs.honan.ac.jp
■東京メトロ有楽町線・副都心線
「池袋」から4分の「千川」下車、徒歩8分

ウエイトを占めていましたので、学習意欲などの評価をまとめた調査書は、作成する中学校教諭の考え方などで、どうしてもばらつきが出るのでは、という懸念が出ていました。

有識者で構成する都教委では、中学校での、成績のいい生徒が事実上優先の推薦入試があり、もし、そのような生徒が推薦入試で不合格になっても、さらに一般入試を受験できることから、「特定の生徒だけ受験機会が増えているのは不公平」とする声もありました。

推薦入試は学力偏重への批判から、昭和50年代終わりに生まれました。

都立高校に導入された経緯は、学力偏重が進んだ結果、普通科への進学が困難な生徒が工業、水産、家庭などの職業科を選択するしかなくなり、高校にあがっても授業に興味を失って中退するケースが相次いだためでした。

少子化が進んだ現在、希望校に進めない〝不本意入学〟は大幅に減り、中退率も2％程度と当時の半分近くに改善したこともあって、都教委に推薦入試募集枠削減の動きが出てきました。

一方でここ数年、全国的に推薦入試は廃止の方向へと動いてきました。「競争がないため学習意欲を維持できない」「入試の公平性に欠ける」などの批判が多く、それに応えた形です。

都教委も、都立高校の推薦入試制度を見直すための検討委員会の設置を、平成20年11月、正式に決め、検討委には都立高校と公立中学の学校長や保護者の代表らが参加して、推薦枠の削減などについて協議してきました。

検討委の議論は、実際には、推薦枠の削減よりも「推薦入試のあり方」にシフトしていった感があり、これを受けた都教委でも、一部委員の「推薦入試にも学力検査導入を」という提言を長期にわたって話し合っています。

## 首都圏唯一の推薦入試に

その時間の流れのなかで、首都圏では埼玉、千葉、神奈川の公立高校入試（入学者選抜）が前期・後期制から一本化されて、3県すべての入試で学力検査型の入試へと変わり（神奈川は平成25年度から）、推薦入試は姿を消しました。

全国的にも推薦入試廃止の動きは急で、来春、神奈川と同様に推薦入試を事実上廃止する県として秋田、宮城、茨城などがありますし、その後も他県が続きます。

そんななかで注目されていたのが、首都圏で残る東京都立高校の推薦入試の行方だったのです。

まさに逆風に耐えるように推薦入試制度を残した、今回の都教委の決定は1つの見識ともいえるのですが、東京ならではの事情も見え隠れしています。

ひとつは「推薦で入学してきた生徒は授業に対する意欲が高い。推薦制度の継続を望む」という、都立高校の先生たちの意見が強くあるためです。

さらに大きな要因として、公立高校志向が高まっているとはいえ、東京では私立の進学校と受験生の奪い合いの様相が収まっていない実情があることも見逃せません。

東京には私立の進学校が多くあり、都立の進学指導重点校は大学進学実績でようやく追撃態勢がスタートできたという段階です。

実施時期が1月中という都立高校の推薦入試は、優秀な都内中学生を早めに確保したい学校側の意向とピタリ合っているのです。

## 入試改革に終わりはない

この推薦入試改革発表と同日に、都立青山が進学指導重点校の指定継続からはずされています。大学進学実績で指定にふさわしい結果を出せなかったのが理由です。このショックは他の進学指導重点校にとって、とても大きいでしょう。これらの学校にとって進学実績の伸長は、まさに至上命題と写ったはずです。

これらのことからも、都立高校の推薦入試は今後もその形態を維持することになるとみられます。

ただ、今回の改善は「都立高校改革推進計画」の第一次であり、改革は一応平成33年度の「第三次」まで計画されています。

都教委では、今後の入試方法の改善に向けて、推薦入試で入学した生徒の入学後の学習状況調査を継続的に実施し、その調査結果を基に、各校それぞれ選抜方法（検査内容、検査方法等）や推薦枠について検証・検討を行うとしています。

今後、まだ改革はつづいていくということです。

BASIC LECTURE

お便りコーナー

# サクセス広場

## お父さんお母さん、ありがとう

妹と相談して、**母の日にお花を**、**父の日にハンカチ**をあげました。やっぱり恥ずかしかったです。
(中1・チョコミントさん)

ぼくらのためにいつも遅くまで働いてるお母さん。いつも反抗してばっかりでごめんなさい。**本当はいつもありがとうって思っています**。
(中3・けいすけさん)

お父さん、小さいころ階段から落ちた私を受け止めて助けてくれてありがとう。でも、そのせいでお父さんにケガをさせてしまってごめんね。**いまの私があるのはお父さんのおかげです**。
(中3・H・Nさん)

部活の朝練で、朝早いのに**いつも起こしてくれて**、朝ご飯も用意してくれて、お母さんありがとう。
(中2・柔道一筋さん)

お母さん、大好きな**トマトジュースをいつも買ってきてくれて**ありがとう。
(中3・来世はトマトさん)

お父さん、いつも**おもしろいダジャレ**をありがとう。おもしろければオヤジギャグもウケるってことを知りました。
(中2・布団がふっとんださん)

## 将来なりたい職業は?

**ロックミュージシャン**。音楽のことはもちろん勉強もたくさんして、B'zの稲葉浩志さんみたいに知識豊かで実力もあるミュージシャンになれるように頑張ります。
(中2・琥珀さん)

世界の**TOYOTA**で働きたい。ぼくが大人になるころにはきっと空飛ぶ車ができるはず。だれもがほしくなるような空飛ぶ車を造る。
(中3・SORATAさん)

**北川景子ちゃんみたいな女優**になりたい。そしていつか共演するのが夢！！
(中3・ひなちょさん)

**たこ焼き屋さん**になりたいです。将来は美味しいたこ焼きを作ってみんなに食べてもらうんだぁ。
(中2・タコ蝮三太夫さん)

あんまり知られてないですが**プロボウラー**になりたい！　現在最高スコア203です！
(中3・田町レーンさん)

**自衛隊**に入って、活躍したい。震災のときに見た姿はホントにカッコよくて感動しました。
(中1・QQさん)

## 雨の日の思い出

大雨が降ると、**庭が雨で沈む!!** 排水溝がゴボゴボと泡を噴きました！！
(中2・阿呆島馬鹿太郎さん)

おばあちゃんに初めて**「晴耕雨読」**という四字熟語を教えてもらってからずっと、雨が降ると本を読みたいと思っています。
(中2・サリーさん)

小学生のころ、雨になると**いろいろな色のビニール傘**を買っていました。カラフルできれいでした。
(中2・エリート中学生さん)

豪雨のときに友だちと公園に行き、**ボディソープで身体を洗い**ました。洗った気がしなかった。
(中3・すぐやる課さん)

小学校のときにやっていたサッカーの試合に行ったときのこと。自分たちのチームの荷物のために張っていたテントに溜まっていた雨をつっついて遊んでいたら、失敗して**全部自分に落ちてきた…**。
(中2・雨男じゃない！さん)

### 募集中のテーマ

「プールの思い出」
「好きなスポーツ選手は??」
「ペットの自慢話」

応募〆切 2012年8月15日

### 必須記入事項

A／テーマ、その理由　B／住所　C／氏名
D／学年　E／ご意見、ご感想など

ハガキ、FAX、メールを下記までどしどしお寄せください!
住所・氏名は正しく書いてください!!
ペンネームは氏名のうしろに(　)で書いてネ!
【例】サク山太郎(サクちゃん)

### あて先

〒101-0047　東京都千代田区内神田2-4-2
グローバル教育出版　サクセス編集室
FAX:03-5939-6014　e-mail:success15@g-ap.com

ここにメールしてね!!

success15

ケータイから上のQRコードを読み取り、メールすることもできます。

掲載されたかたには
抽選で図書カードをお届けします!

掲載にあたり一部文章を整理することもございます。個人情報については、図書カードのお届けにのみ使用し、その他の目的では使用いたしませ

# 挑戦!!

## 巣《す》鴨《がも》高等学校

**問題**

右図のように，関数 $y=\frac{1}{2}x^2$ のグラフと直線 $y=x+4$ との交点を A，B とし，関数 $y=\frac{1}{2}x^2$ のグラフ上に AP⊥BP となるように点 P をとる．ただし，点 P の $x$ 座標は正とする．このとき，次の各問いに答えよ．

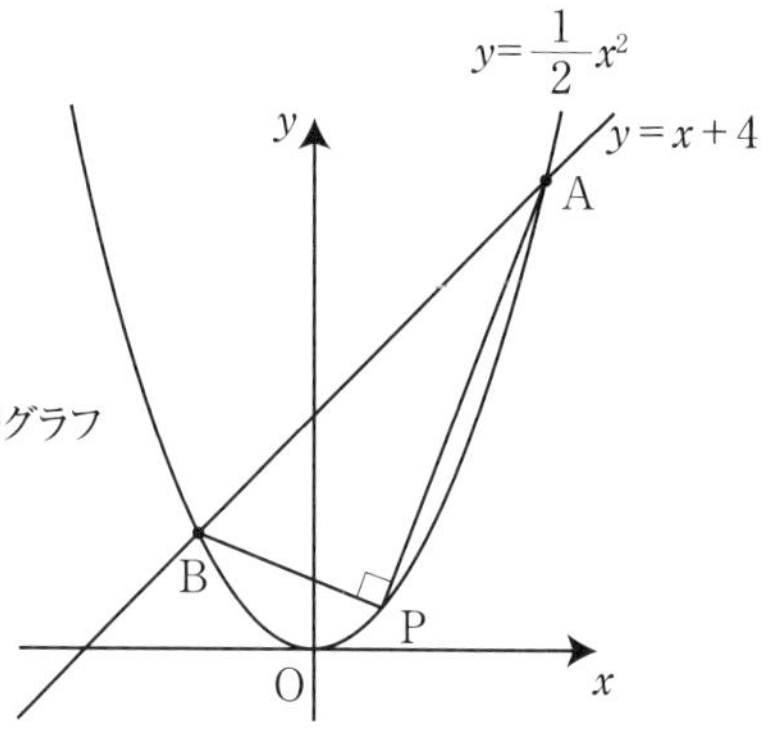


(1) 点 B の座標を求めよ．

(2) 点 P の $x$ 座標を求めよ．

(3) AB の中点を M とし，MP=MQ となる点 P と異なる点 Q を、関数 $y=\frac{1}{2}x^2$ のグラフ上にとるとき，点 Q の $x$ 座標を求めよ．

解答 (1) B (-2,2)　(2) $-1+\sqrt{5}$　(3) $-1-\sqrt{5}$

東京都豊島区上池袋1-21-1

JR線「大塚」徒歩10分、都電荒川線「巣鴨新田」徒歩8分、東武東上線「北池袋」徒歩10分

03-3918-5311

http://www.sugamo.ed.jp/

**学校説明会**

10月13日（土）10:00～
11月17日（土）10:00～

## 帝《てい》京《きょう》高等学校

**問題**

次の小問に答えなさい。

(1) $6.72\times0.8-0.22\times0.8$を計算しなさい。

(2) $\frac{3b-a}{4}-\frac{2a+5b}{6}$を計算しなさい。

(3) $x^3y+x^2y^2-12xy^3$を因数分解しなさい。

(4) 次の方程式を解きなさい。$x^2+7x=0$

(5) 一辺の長さが 6 cm、内角の 1 つが60°のひし形の面積を求めなさい。

(6) 100円、50円、10円の硬貨が各20枚ずつあります。この硬貨を使って170円を支払う方法は何通りあるか。
ただし、使わない種類の硬貨があってもよいものとする。

(7) $\sqrt{30}=5.477$として$\sqrt{0.3}$の近似値を求めなさい。

(8) 次の5つの数字の中で、絶対値が最大の数を答えなさい。
$-\frac{1}{3}$，$-\frac{2}{9}$，$-0.33$，$-\frac{1}{4}$，$-0.2$

(9) 3点 $(-2,\ -3)$,$(0,\ 1)$,$(3,\ a)$が一直線上に並んでいるとき、$a$の値を求めなさい。

(10) 55と67をある数で割ると 7 余るとき、ある数を求めなさい。

解答 (1) 5.2　(2) $-\frac{7a+b}{12}$　(3) $xy(x+4y)(x-3y)$　(4) $x=0,-7$　(5) $18\sqrt{3}\text{cm}^2$　(6) 6通り　(7) 0.5477　(8) $-\frac{1}{3}$　(9) $a=7$　(10) 12

東京都板橋区稲荷台27-1

都営三田線「板橋本町」徒歩8分、JR埼京線「十条」徒歩12分

03-3963-4711

http://www.teikyo.ed.jp/

**説明会**

9月15日（土）13:30～
9月29日（土）13:30～
10月13日（土）13:30～
10月28日（日）11:00～
11月17日（土）13:30～
11月25日（日）11:00～
12月1日（土）13:30～

**文化祭（蜂桜祭）**

10月6日（土）9:00～15:00
10月7日（日）9:00～15:00

# 私立高校の入試問題に

## 慶《けい》應《おう》義《ぎ》塾《じゅく》高等学校

- 神奈川県横浜市港北区日吉4-1-2
- 東急東横線・横浜市営地下鉄グリーンライン「日吉」徒歩1分
- 045-566-1381
- http://www.hs.keio.ac.jp/

**問題**

次の英文を完成させるために空所 [ 1 ] ～ [ 9 ] に適切な1語を入れなさい。＊の付いている語(句)には注があります。

Imagine living on a planet that could reach a temperature of 466°C and drop to -183 °C. *Mercury has such *extreme temperatures. That's one [ 1 ] no life can be there. Even though it's [ 2 ] to the sun than any other planet, the sun is still 36 million miles away. The side of Mercury that isn't facing the sun gets very, very [ 3 ] because there is little atmosphere, or air, to hold the sun's heat in.

Mercury is the smallest planet in our *solar system. Like Earth, it has *gravity, too, though the pull isn't anywhere as strong as on Earth. The surface of Mercury has a lot of craters just like the [ 4 ] moving around Earth. *Meteors usually burn up in Earth's atmosphere. Because Mercury has a very thin atmosphere, meteors can make it through [ 5 ] burning up. Craters from in places where meteors have crashed. The largest is called *Caloris Basin*. It is 800 miles wide.

Mercury is the fastest moving planet. It moves around the sun at a [ 6 ] of about 104,000 miles *per hour. It goes around the sun in just 88 Earth days. It takes much longer for Earth to circle around the sun-almost 365 days. Mercury rotates, or turns, slowly, though. It takes about 59 days for Mercury to rotate once. That means that one [ 7 ] on Mercury (88 Earth days) only has about one and a half days in it.

*Mariner 10* is the only *spacecraft to ever have visited Mercury. In 1974 and 1975, *Mariner 10* took pictures of the planet and mapped some of its surface. There are still many mysteries, though, about this small, speedy planet. Scientists hope that the new spacecraft to Mercury, called *MESSENGER*, will [ 8 ] some of them. It [ 9 ] Earth in 2004 and started moving around Mercury in 2011. What kind of information do you think NASA scientists will get from this *mission?

【注】Mercury 水星　extreme 極端に高い・低い　solar system 太陽系　gravity 重力　meteor 隕石　per hour 毎時　spacecraft 宇宙船　mission 任務

解答　1 reason　2 closer　3 cold　4 moon　5 without　6 speed　7 year　8 solve　9 left

## 狭《さ》山《やま》ヶ《が》丘《おか》高等学校

- 埼玉県入間市下藤沢981
- 西武池袋線「武蔵藤沢」徒歩13分
- 04-2962-3844
- http://www.sayamagaoka-h.ed.jp/

**学校見学説明会**

8月26日（日）10:00～11:30
9月22日（土）10:00～11:30
10月13日（土）10:00～11:30
11月11日（日）10:00～11:30

**文化祭（狭高祭）**

9月8日（土）11:00～15:00
9月9日（日）9:30～14:30

**問題**

図Ⅰのように中心がOで，ABを直径とする半円周上に点Pをとる。また，半円周上に$\overset{\frown}{BC}=\overset{\frown}{CP}$となる点Cをとる。直線APとBCの交点を点Qとするとき,次の問に答えなさい。

ただし、ABの長さを8cmとする。次の [ 58 ] ～ [ 66 ] にあてはまる数をマークしなさい。分数はもっとも簡単な形で答えなさい。

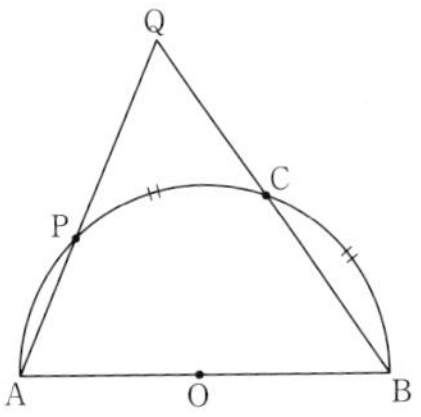


図Ⅰ

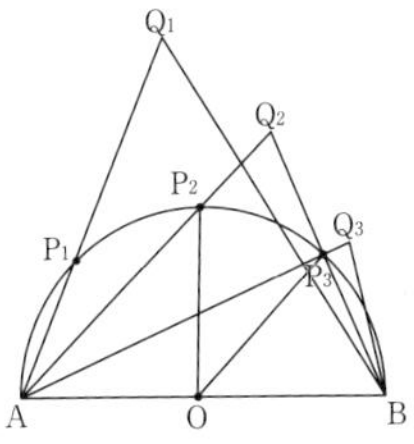


図Ⅱ

(1) ∠BQA＝47°のとき,∠BAP＝ [ 58 ] [ 59 ] °となる。

(2) 図Ⅱのように,弧ABを4等分する点をAに近い方から$P_1$, $P_2$, $P_3$とし,それぞれを点Pとしたときの点Cに対応する点Qを$Q_1$, $Q_2$, $Q_3$とする。

① $\angle Q_1BQ_2 = \dfrac{[\,60\,][\,61\,]^{\circ}}{[\,62\,]}$ となる。

②点Pが$P_2$から$P_3$まで動いたとき,線分AQが$AQ_2$から$AQ_3$まで動いた部分の面積は [ 63 ] $\pi$ cm²となる。また,線分PQが$P_2Q_2$から$P_3Q_3$まで動いた部分の面積は,
([ 64 ] $\pi$ + [ 65 ] $\sqrt{2}$ − [ 66 ]) cm²となる。

解答　58：8　59：6　60：4　61：5　62：4　63：4　64：2　65：4　66：8

# 6月号の答えと解説

## 問題

### Q 論理パズル

卓球大会でＡ～Ｈの８人が下の図のようなトーナメント形式で試合をしました。その勝敗の結果は、次のようになりました。

① Ｂは E に負けました。
② C は D に勝ちました。
③ E は F に負けました。
④ G は準優勝しました。

このとき、正しいといえるのは、次のア～エのうちどれでしょうか。

ア　Ａは F と対戦しました。
イ　Ａは H と対戦しました。
ウ　F は C と対戦しました。
エ　F は H と対戦しました。

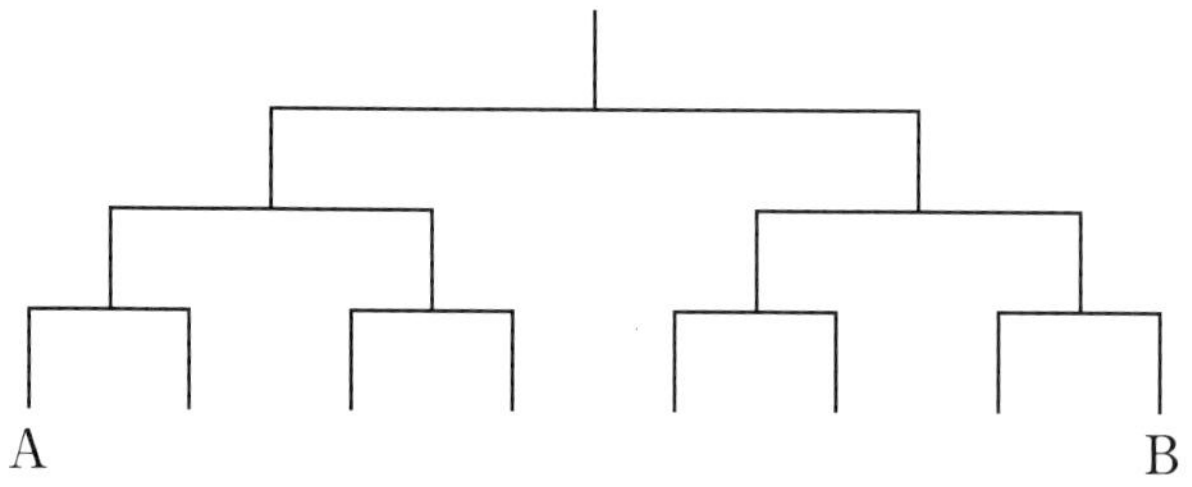


## 解答　エ

**解説**

（敗者）＜（勝者）と表すことにすると、①、③より、Ｂ＜Ｅ＜Ｆですから、Ｆは少なくとも２勝しているので準優勝以上になります。ところが、④より、準優勝はＧですから、優勝はＦということになります。
つまり、Ｆは１回戦でＢと、２回戦でＥと、３回戦（決勝）でＧと対戦したことになります。したがって、②のＣとＤの対戦は１回戦で、トーナメント表の左から２番目ということがわかります。

以上のことから、Ａ～Ｈのトーナメント戦の様子は下の図のようであったことがわかります（ただし、１回戦の組合せは左右入れ替わっても構いません）。

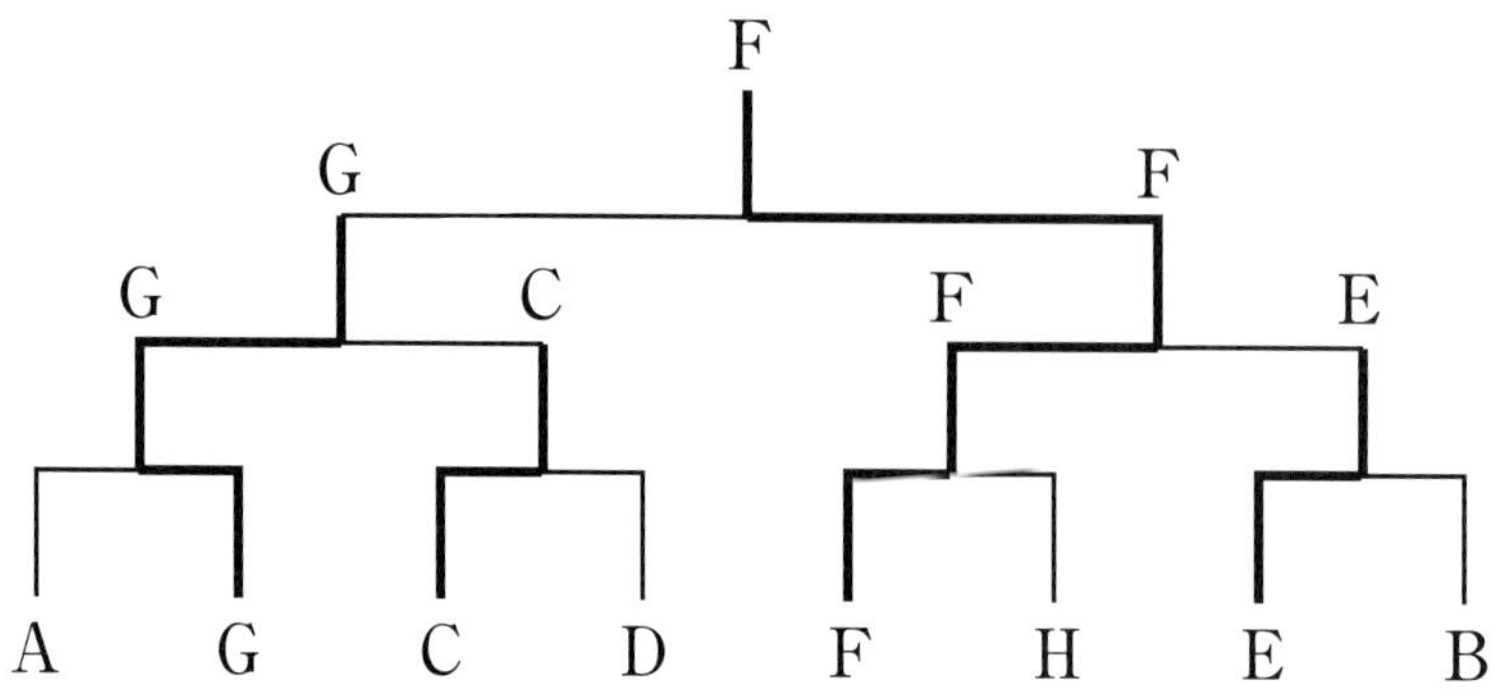

中学生のための

# 学習パズル

## 今月号の問題

### Q 英語クロスワードパズル

カギを手がかりにクロス面に単語を入れてパズルを完成させましょう。

最後にa~fのマスの文字を順に並べると、ある野菜の名前が現れます。それを答えてください。

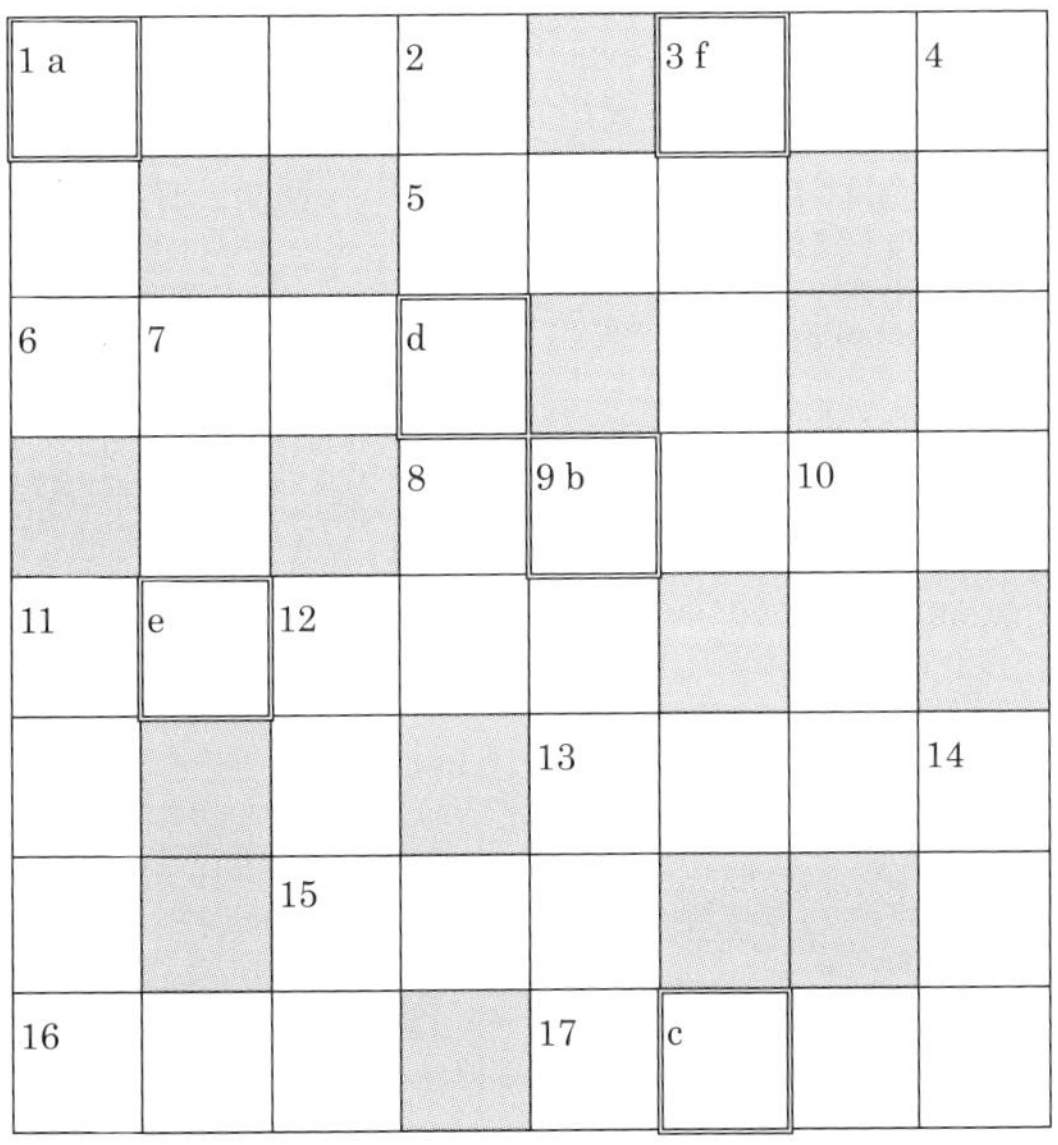


**ヨコのカギ（Across）**

1 It rains ___ and dogs.
（土砂降りの雨が降る）
3 Three from _____ leaves seven.
5 ___lid（まぶた）
6 a ___ of scissors（はさみ1丁）
8 news ___
（報道価値, ニュースバリュー）
11 a dish ___（ふきん）
13 ⇔shut, close
15 ⇔daughter
16 She is ___ only beautiful but also clever.
（彼女は美しく、なおかつ頭がよい）
17 I ___ up in Kyoto.
（私は京都で育ちました）

**タテのカギ（Down）**

1 How about another ___ of tea？
（お茶をもう1杯いかがですか）
2 奉仕する、(ボールを)サーブする
3 Will you ___ me the way to the station？
4 They ___d the dog Shiro.
（彼らはその犬をシロと名づけた）
7 Tom came to Japan three years ___.
9 He is walking ___ the river.
（彼は川に沿って歩いている）
10 Can I ___ your telephone？
（電話をお借りしてもいいですか）
11 Mt. Fuji is higher _____ another mountain in Japan.
12 The sun sets in the ___.
14 I'm coming just ___.
（今すぐ参ります）

**6月号学習パズル当選者**

（全正解者60名）

★富沢　健次くん（東京都大田区・中2）
★梅田　心海さん（神奈川県横浜市・中2）
★大野　伸泰くん（東京都杉並区・中1）

## 応募方法

**●必須記入事項**

01　クイズの答え
02　住所
03　氏名（フリガナ）
04　学年
05　年齢
06　アンケート解答「二条城展」（詳細は90ページ）の招待券をご希望のかたは、「二条城展招待券希望」と明記してください。

◎すべての項目にお答えのうえ、ご応募ください。
◎ハガキ・ＦＡＸ・e-mailのいずれかでご応募ください。
◎正解者のなかから抽選で3名のかたに図書カードをプレゼントいたします。
◎当選者の発表は本誌2012年10月号誌上の予定です。

**●下記のアンケートにお答えください。**

A今月号でおもしろかった記事とその理由
B今後、特集してほしい企画
C今後、取りあげてほしい高校など
Dその他、本誌をお読みになっての感想

**◆2012年8月15日**（当日消印有効）

**◆あて先**
〒101-0047　東京都千代田区内神田2-4-2
グローバル教育出版　サクセス編集室
FAX：03-5939-6014
e-mail:success15@g-ap.com

# ～サクセス18のご紹介～

サクセス18は早稲田アカデミーが創った現役生難関大受験専門塾です。

2012年度 大学入試実績

## 東京大学67名合格!

文Ⅰ13名・理Ⅲ4名含む

## 早慶上智大403名合格!

## GMARCH理科大506名合格!

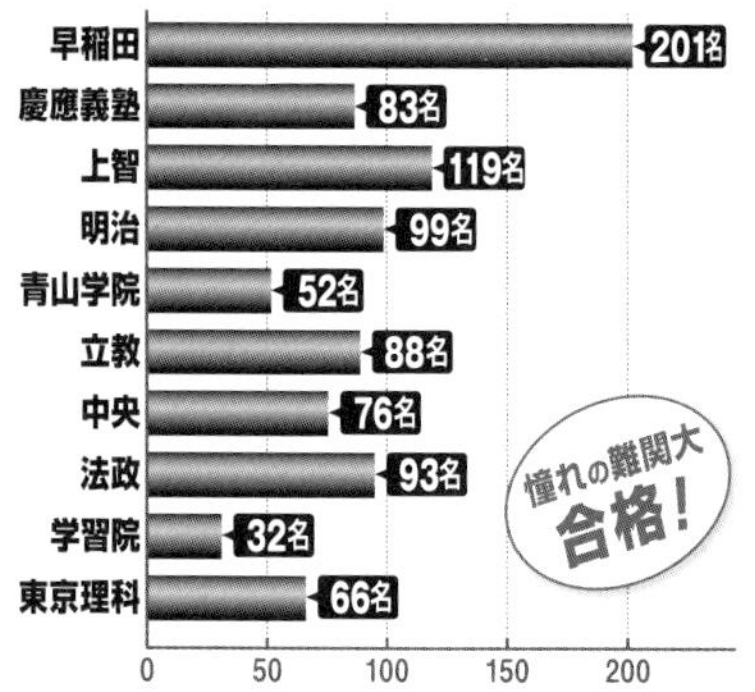


| | | | | | |
|---|---|---|---|---|---|
| 早稲田大学 | 201名 | 上智大学 | 119名 | 青山学院大学 | 52名 |
| 慶應義塾大学 | 83名 | 明治大学 | 99名 | 立教大学 | 88名 |
| 中央大学 | 76名 | 学習院大学 | 32名 | | |
| 法政大学 | 93名 | 東京理科大学 | 66名 | | |

**在籍約1100名からの実績**

模試受験のみの生徒は一切含まれていません。早稲田アカデミーの平常授業または志望校別クラス、冬期東大合宿に在籍し、授業に参加された方のみを対象としています。

### 東京大学［理科Ⅰ類］合格

早稲田大学［基幹理工学部］、慶應義塾大学［理工学部］、上智大学［理工学部］

金井 純平（国立東京学芸大学附属高校）

**仲間達と先生方と共に**

大学受験を真面目に考え始めた高2の秋、僕は高校受験の際お世話になった早稲田アカデミーに入塾しました。第一志望校は学校の友達に流されるように東大としましたが勉強に熱が入らず、成績もあまり伸びませんでした。しかし高3のとき、僕の意識は変わりました。自分の志望校を本気で目指す仲間達と授業を共にすることで僕も勉強に全力で取り組むようになっていました。さらに時には優しく時には厳しく接してくれる先生方の熱い授業を受けるにつれてより励むようになりました。サクセス18の必勝コースや合宿、正月特訓は違う学校の様々な考え方を持つ仲間達や先生方との絆を深めました。東大模試ではE判定を取り続けましたが、そんな仲間達や先生方のおかげで諦めずに勉強に取り組むことが出来ました。サクセス18に入らなければ僕の合格はありませんでした。共に学んだ仲間達、最後まで熱心に授業をしてくれた先生方、本当にありがとうございました。そしてこれからもよろしくお願いします。

### 東京大学［理科Ⅱ類］合格

早稲田大学［先進理工学部］、上智大学［理工学部］

高橋 勇介（私立開成高校）

**いままでありがとうございました。**

まずは家族や友だちの応援に感謝したいです。そして東大合格に達するまでに指導して下さったサクセス18の先生方に感謝したいです。サクセス18の進路指導では長期的な目標設定に加えて、短期的な目標設定も立てられたため、学習している中でも目標を見失うことがありませんでした。校内模試の順位等、身近なところからも目標の達成度を測ることができ、モチベーションを保ちながら勉強することができました。サクセス18で最も良かったと思うことは、先生と生徒の距離が近いことだと思います。私はそのおかげで先生方に多くの質問をすることができ、納得がいくまで問題に取りくむことができました。これは私にとっては学力を伸ばすのに大いに役立ったと感じています。また、開成クラブも有効に活用することができました。自習室だけでなく、過去問を印刷してもらえたのは非常に助かりました。また、開成クラブで行われている英作文道場では、自分の英作文をネイティブの先生に見てもらえるので、英作文の感覚をつかむことができ、確実に得点力の向上につながったと思います。先生方の授業はもちろんのことながら、このような点も合格につながったと思います。サクセス18に通って本当に良かったです。

### 東京大学［理科Ⅲ類］合格

慶應義塾大学［医学部］、防衛医科大学校

笠原 優輝（国立筑波大学附属駒場高校）

**第2の我が家、サクセス18**

サクセス18の魅力は先生方の熱意だろう。私はサクセス18を第二の我が家のように、温かく感じていた。登塾すると、「こんにちは」、教室に行くときには「いってらっしゃい」、自習室から戻ると「おかえりなさい」といった挨拶が飛び交い、この言葉にいつも元気づけられ、明日の活力を貰った。実の家と同じようなアットホームな空気が漂っており、この居心地の良さが、毎日塾に来て勉強しようと思わせてくれた。それに加え、成績を上げるのに特に役立ったものは、先生方の熱意のこもった添削、個別のアドバイスだった。他の生徒もいて大変な中、わざわざ時間を自分のために割いてくれている、このことが私の弱点を大いに克服させ、モチベーションの向上にも繋がった。先生方からは、まるで我が子に対するような温かさを感じた。この温かさのおかげで、合格できる水準まで成績を伸ばすことができた。自分一人では決してできなかっただろう、と思う。合格を報告したとき、先生方が心から喜んでくれて、初めて自分の努力を示すことができた、と思えた。こんな、辛い中、最高の受験を迎えることができたのは、サクセス18だったからだ。今までありがとうございました。

### 東京大学［文科Ⅲ類］合格

早稲田大学［政治経済学部］、慶應義塾大学［商学部］

堀田 和里（私立雙葉高校）

**サクセス18大好き！**

サクセス18には、中3の終わりから通い始めました。校舎に足を踏み入れた瞬間、事務の方々や先生方が大きな声で挨拶してくださり、明るく元気な印象を持ったので、すぐに入塾を決めました。私が通っていた校舎はとてもアットホームな雰囲気で、居心地がよく、先生方や事務の方々、アシストスタッフとも仲良く話すことができる環境だったので、塾に行くのが本当に楽しみでした。とにかく塾が好きだったので、高2の後半以降は授業がない日にも自習をしに行っていました。お互いに励まし合い、刺激し合える友達に出会えたのも、塾が大好きだった理由の一つです。受験期で一番辛かったのは、間違いなく最後の2ヶ月だったと思います。センター試験を越え、私大入試が始まり、最後に待ち構える国立の2次。この2ヶ月を乗り越えられたのは、他でもない、サクセス18のおかげです。勉強が思うように進まず、悩んだことは何度もありましたが、そのたびに事務の方々や先生方、アシストスタッフ、そして友達に元気付けてもらいました。サクセス18のみんなが支えてくれたから、自分らしく受験に立ち向かうことができました。私が東大合格という夢のようなことを実現させることが出来たのは、サクセス18のみんなが最後まで私を信じていてくれたからです。先生方、事務の方々、アシストスタッフ、サクセス18で出会った友達、そして家族!ここまで私を支えてくださって本当にありがとうございました!サクセス18大好き!

### 一橋大学［法学部］合格

早稲田大学［法学部］、慶應義塾大学［商学部］、上智大学［法学部］

野村 悠花（私立豊島岡女子高校）

**ありがとう！サクセス18**

サクセス18に入ってからの二年を振り返ると、自分がいかに幸せで充実した受験生生活を送っていたかを実感させられます。入塾当初私はTクラス選抜にも合格できないほど数学が苦手で、校長先生の「数学をなんとかするから」の一言を頼りにサクセス18に入塾しましたが、塾で演習を重ねるうちに本当に何とかなり、本番でも数学の出来に自信が持てました。先生方が授業の範囲を超えて私の成績や性格、志望校などを把握して的確なアドバイスを下さり、のんびり屋の私を急かしてくださるのはサクセス18ならではでしたし、そんな先生方を信頼していたので安心して勉強できました。先生方は受験校についても一緒に考えてくださった上、併願校対策も施してくださったので、私自身は志望校対策だけを考えてそのための勉強に打ち込むことができ、大変感謝しております。志望校にあわせた先生オリジナルのプリントを頂いたり、先生にお願いして予想問題を何度も作っていただいたりと、本当にお世話になったので絶対受かろうと意気込んでいました。自習の時はいつもサクセス18に行ったし、仲良しなだけでなくやる時はやる、といった周りの生徒たちの雰囲気も好きで、良い刺激になりました。サクセス18でいつも楽しかったし、大学受験を最高の形で乗り越えることができたのはサクセス18のおかげです。私に関わってくださった全ての方に感謝しています。お世話になりました。

### 早稲田大学［法学部］合格

上智大学［法学部］、明治大学［法学部］、立教大学［法学部］、中央大学［法学部］

前田 妃南子（私立女子学院高校）

**私のサクセス体験記**

私は高1からサクセス18に通い始め、部活を引退した高2の秋から本格的に受験勉強を始めました。部活引退まではやる気が出ず、受講していたのに無駄に過ごしてしまったことも多かったと思います。しかし、定期的なテストや親切な面談のおかげで、部活中心の毎日の中でも勉強や将来のことを考える機会を持つことが出来ました。そのおかげで、部活引退後もスムーズに受験勉強に移れたように思います。高2の秋から高3にかけては、現代文と古文を受講しました。古文ではちょっとした文法テクニックや文学史も教えていただき、入試に役立ちました。現代文では筆者の論考に関連した現代社会についてのお話もあって、社会にも関心を持つことが出来るような、大学入試後も見据えた質の高い授業でした。少人数制なので先生との距離も近く、苦手な記述も細かく添削していただいたおかげでなんとか書けるようになりました。また、直前期には夜遅くまで使える自習室がとても有難い存在でした。質問もすぐできるし、アシストスタッフの方々や受講していない教科の先生まで質問に答えたり添削してくださったりして、サクセス18全体でサポートしてくださっていると感じました。気さくで親しみやすい事務の皆さんとの会話も私の心の支えでした。私が志望校に現役合格できたのも、このようなサクセス18があってこそです。ありがとうございました。

### 慶應義塾大学［法学部］合格

早稲田大学［文化構想学部］、上智大学［法学部］、明治大学［商学部］、國學院大學［経済学部］

山田 晃己（私立桐光学園高校）

**大学受験とは団体競技である**

この塾で出会った気の合う仲間三人でコンビを組み一年間互いを励まし、尊重し、仲間の背中をみて刺激され続けた結果、僕は慶應の法、一人は早稲田の法、もう一人は早稲田の理工に進学を決めました。受験が終わった今でも付き合いは続き、大学は違うけれども一生の付き合いになると思います。僕たち三人が全員第一志望に合格できたのは常に僕以外の二人に刺激され続けお互いがお互いの努力を尊重し続けた結果であり、それがサクセス18という塾にしか成し得ない技の本質だと思います。仲間の作りづらい他の予備校では決して成し得ない大学受験で成功するためのノウハウ、つまり大学受験を個人競技ではなく団体競技で闘おうとする姿勢、これがサクセス18が合格実績を毎年、大幅に更新し続けているという事実を裏付けているのだと思い、事実僕たち三人がそれを証明しています。僕一人では途中で心が折れ、決して成し遂げられなかったであろうこの偉業、またこの偉業がサクセス18でしか成し遂げられない偉業ではないでしょうか。

### 上智大学［文学部］合格

立教大学［文学部］、明治学院大学［文学部］

安達 南菜子（私立東洋高校）

**温かい場所**

私がサクセス18に通い始めたのは高校2年生のときです。苦手な英語を何とかしたいと思っていたところ、母にサクセス18を勧められ、とりあえずという気持ちで入塾しました。早稲田アカデミーには小さい頃から通っている人も多く、いざ入ってみると既に仲良しグループが出来ていて、少し居心地が悪く感じたのを覚えています。しかし、高校3年生になるとその空気は一転しました。特に私達の間の絆を強くしたのは夏の合宿です。他の校舎の友達も増えることで、「皆で合格したい」という気持ちが大きくなりました。その後、サクセス18の友達とは受験直前まで励まし合い、学校の友達とはまた一味違った友情を築くことができました。現役生しかいないサクセス18ならではだと思います。また、サクセス18の凄いところは先生方がきめ細かく指導して下さることです。何度も面談を組んでくれたり、過去問の点数をチェックしてくれたり、英作文や小論文などの添削を寝る間も惜しんでしてくれました。受験の前の日に私が緊張していると、夜遅くまで応援し続けて下さいました。こんなに面倒見の良い塾、予備校は聞いたことがありません。私が大学に合格できたのも、先生方の支えがあったからです。本当にありがとうございました。受験は辛かったですが、サクセス18のおかげで、頭も心も成長できたと思います。最後に両親へ、サクセス18に通わせてくれてありがとうございました。


本気、現役合格
早稲田アカデミー

現役生難関大受験専門塾サクセスエイティーン
SUCCESS18

教務部高校課
☎03(5954)3581(代)

早稲田アカデミー 検索
「高校生コース」をクリック!
http://www.waseda-ac.co.jp

池袋校
渋谷校
大泉学園校
荻窪校
国分寺校
調布校
新百合ヶ丘校
宮崎台校
大宮校
所沢校
志木校

高1～高3
（中1～中3
中高一貫校在籍）
新入塾生
受付中！

# 大学受験も 早稲田アカデミー SUCCESS18

## 君を合格へと導く サクセス18の 夏期講習会

**キミの本気をカタチにする。**

## 参加型少人数授業、講師の情熱、ライバルとの競争がキミの本気を引き出す

### 1人でもない、大人数に埋もれない、映像でもない「参加型少人数ライブ授業」

生徒と講師が互いにコミュニケーションをとりながら進んでいく、参加型の少人数のライブ授業をサクセス18は大切にします。講師が一方的に講義を進めるだけでなく、皆さんにその場で実際に問題を解いてもらったり、質疑応答を授業に取り入れることで、学習効果は高まるのです。そしてこれは大教室で行われる授業や映像授業では決してできないことなのです。

### 授業で終わらない。皆さんの家庭学習の指導も行い、第一志望校現役合格へ導きます

講師の仕事は授業だけではないとサクセス18の講師は考えています。授業と同じくらい大切なのが日々の家庭学習や各教科の学習法。「高校生なんだから家庭学習くらい自分で考える」そんな風に考える人もいるでしょうが、何事にもセオリーやノウハウがあります。サクセス18の講師が皆さんの学力や志望校、学習環境に最適な家庭学習プランを提案します。

### 先生が近い、友達が近い。講師の励まし、ライバルとの競争、Wシナジーが劇的に学力を伸ばします

皆さんと講師の距離が近いのもサクセス18の特徴です。講師室はオープンスペースとなっており、いつでも気軽に先生に質問できます。また講師からも積極的に皆さんに声を掛けます。「先週のテスト良くできていたよ」「最近頑張ってるね」そんな何気ないコミュニケーションをサクセス18の講師は大切にしています。

また一緒に学ぶ友達との距離が近いのも少人数制のサクセス18ならでは。同じ目標に向って共に頑張っている友達は仲間でありライバル。毎月実施される「月例テスト」や模試の成績優秀者は校舎内に掲示されます。「初めて自分の名前が載ったときの嬉しさ」「友達の名前が載る掲示に自分の名前がないときの悔しさ」そんな気持ちが皆さんの背中を後押しするのです。先生と仲間とのWシナジーが皆さんの学力を劇的に伸ばします。

## 7/22(日)〜8/29(水)

[実施日程]

| | | | | | | | | | | | | |
|---|---|---|---|---|---|---|---|---|---|---|---|---|
| 7/22 | 23 | 24 | 25 | 26 | 27 | 28 | 29 | 30 | 31 | 8/1 | 8/2 | 8/3 |
| 日 | 月 | 火 | 水 | 木 | 金 | 土 | 日 | 月 | 火 | 水 | 木 | 金 |
| 第1ターム | | | 第2ターム | | | ー | 第3ターム | | | 第4ターム | | |
| 8/17 | 18 | 19 | 20 | 21 | 22 | 23 | 24 | 25 | 26 | 27 | 28 | 29 |
| 金 | 土 | 日 | 月 | 火 | 水 | 木 | 金 | 土 | 日 | 月 | 火 | 水 |
| 第5ターム | | | 第6ターム | | | ー | 第7ターム | | | 第8ターム | | |

[実施時間] 180分×3日間/1講座

9:00〜12:00　13:00〜16:00　17:00〜20:00

**卒塾生特典あり** 詳しくはお問い合わせください。

---

## 高3対象 日曜特訓 志望校別対策コース

**説明会＆選抜試験 8/23(木)・31(金)**

※会場・時間等詳細はお問い合わせください。

- 東大必勝コース
- 国立大必勝コース
- 早慶大必勝コース
- 難関大必勝コース

- エキスパート講師陣
- 少人数・学力別クラス
- 志望校別オリジナル教材
- 徹底した添削システム

9月開講

[会場] 東大必勝 渋谷校　国立大必勝 文系：荻窪校、理系：渋谷校
早慶大必勝 池袋校・渋谷校・国分寺校　難関大必勝 池袋校・渋谷校・国分寺校

[料金] 入塾金：10,500円(基本コース生は不要)
受講料：30,000円／ターム

# 医学部へ一人ひとりをナビゲート!

# 超難関医学部へジャンプ!
# 夏で逆転勝利へ

**夏期講習受付中!!**

4日間で完結する完全単科制!!

夏からスタートする人も心配いりません!

医歯薬受験指導専門の講師による少人数指導

| 実施日程 | 第1ターム | 第2ターム | 第3ターム | 第4ターム |
|---|---|---|---|---|
| | 7/23(月)〜7/26(木) | 7/30(月)〜8/2(木) | 8/6(月)〜8/9(木) | 8/21(火)〜8/24(金) |

| 実施時間 90分×4日間/1講座 | ① | ② | ③ | ④ | ⑤ | ⑥ | ⑦ |
|---|---|---|---|---|---|---|---|
| | 9:00〜10:30 | 10:40〜12:10 | 13:00〜14:30 | 14:40〜16:10 | 16:30〜18:00 | 18:10〜19:40 | 19:50〜21:20 |

他予備校との併用もできる

全学年対象

医学部受験指導のスペシャリストによる

## 医学部専門個別指導 Medical 1 メディカル・ワン

## この夏で、キミの苦手を得意に変えよう!

**個別のみ**　受験勉強のスタートを個別集中特訓で、無理なく!無駄なく!
この夏からがんばるキミを応援します。エキスパート講師に全て任せてください。

**クラス併用**　クラス授業との併用でスムーズな導入を!
この夏初めて野田クルゼに参加することに不安のある方にも、
個別指導でのフォローアップがあれば万全です。

| | |
|---|---|
| Point1 | 医学部受験指導のスペシャリストが1対1で指導 |
| Point2 | あなただけの完全フルオーダーカリキュラム |
| Point3 | 苦手科目や弱点となる単元の超短期克服 |

9月生募集　日曜集中特訓　最難関医学部を目指すライバルだけが集う「競い合う空間」

## 医学部必勝講座

高3対象（有料講座）　1ヶ月に3回／英語・数学・理科・国語・チェックテスト（化学・生物・物理）

高2・高1対象（無料講座）　1ヶ月に1回／英語・数学・チェックテスト

**最難関医学部必勝講座（選抜クラス）**　千葉大、筑波大、医科歯科大などを中心に受験を考えている皆さんのためのクラスです。

**難関医学部必勝講座（オープンクラス）**　私立大医学部を中心に受験を考えている皆さんのためのクラスです。

医系受験指導42年の伝統と実績を誇る野田クルゼのエキスパート講師が、最速・最短の方法で現役合格に導くプロジェクト。それが「医学部必勝講座」です。講義⇒演習⇒試験というサイクルにより、あいまいな理解から生じる些細なミスを無くし、入試において高得点を狙える学力を定着させます。同時に、難易度の高い入試問題を扱いながら、現役生に不足している実践的な問題演習を行います。この講座で最難関医学部現役合格の夢をかなえましょう!

**説明会・選抜試験　8/26(日)　無料**

対象 ▶高1〜高3
説明会 ▶13:00〜14:00
選抜試験 ▶14:15〜16:00（英語・数学）
場所 ▶野田クルゼ現役校

**高3対象：最難関医学部必勝講座／難関医学部必勝講座　タイムテーブル（例）**

| | 9:00〜10:30 | 10:45〜12:15 | 13:00〜14:30 | 14:45〜16:15 | 16:20〜17:20 | 17:30〜19:00 |
|---|---|---|---|---|---|---|
| 1回目 | 英　語 | 英　語 | 物理／生物 | 物理／生物 | 英語チェックテスト | |
| 2回目 | 数　学 | 数　学 | 化　学 | 化　学 | 数学チェックテスト | センター国語 |
| 3回目 | 英　語 | 数　学 | 物理／生物 | 化　学 | 理科チェックテスト | |

**高2・高1生対象：最難関医学部必勝講座　タイムテーブル（例）**

| | 10:00〜12:00 | 13:00〜15:00 | 15:10〜16:10 | 16:20〜17:20 |
|---|---|---|---|---|
| 1回目 | 英　語 | 数　学 | 英語試験 | 数学試験 |

# 高校生対象 夢！クルゼでつかめ！医学部現役合格

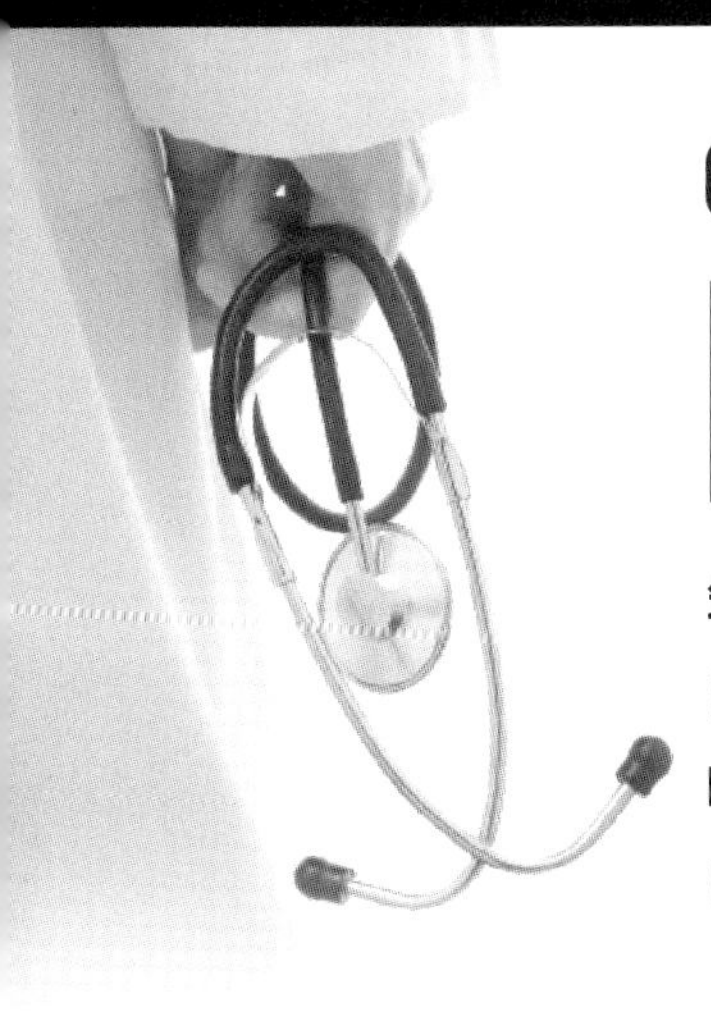

2012年合格実績 昨年度に続き、医学部合格者数増

# 医学部完全合格72名!!

| | | | | | |
|---|---|---|---|---|---|
| 筑波大学 医学部 | 2名 | 琉球大学 医学部 | 1名 | 東京慈恵会医科大学 | 4名 |
| 日本医科大学 | 4名 | 順天堂大学 医学部 | 2名 | 防衛医科大学 | 1名 |
| 昭和大学 医学部 | 7名 | 東京女子医科大学 | 9名 | 東京医科大学 | 1名 |
| 日本大学 医学部 | 1名 | 東邦大学 医学部 | 5名 | 杏林大学 医学部 | 7名 |

その他、多数合格！

**医学部受験専門エキスパート講師が生徒が解けるまでつきっきりで指導する！**
**だから最難関の医学部にも現役合格できる！**

## 医学部という同じ目標を持つ仲間と切磋琢磨！

### 現役合格は狭き門。入試でのライバルは高卒生。

一部の高校を除き、医学部志望者がクラスに多数いることは非常に稀です。同じ目標を持つ生徒が集まる野田クルゼの環境こそが、医学部現役合格への厳しい道のりを乗り越える原動力となります。

また、医学部受験生の約70%は高卒生です。現役合格のためには早期からしっかりとした英語、数学の基礎固めと、理科への対応が欠かせません。

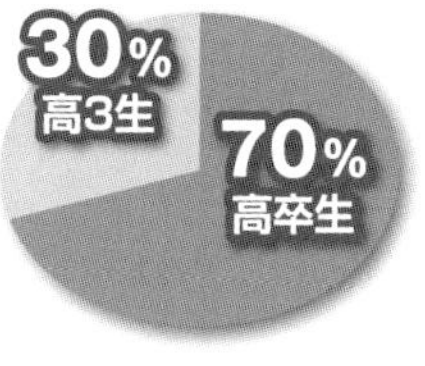


■医学部受験生の割合

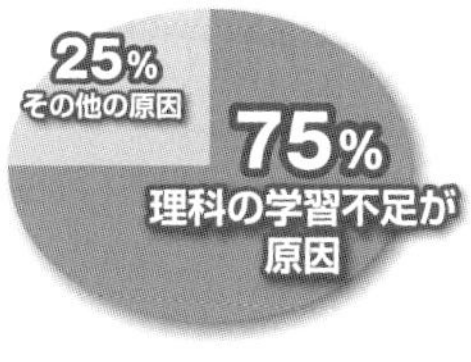


■現役合格を逃した原因

**Point 1**
一人ひとりを徹底把握
### 目の行き届く少人数指導
講義は平均人数10～15名程度の少人数で行われます。生徒別の成績の把握、そしてさらに向上させるための個別の指示も可能な人数です。大手予備校には決して真似のできない細やかな対応が野田クルゼならできます。

**Point 2**
医学部専門の
### 定着を重視した復習型の授業
野田クルゼの授業は、丁寧な「導入」からスタートする復習型の授業です。そして全員の理解を確認しながら「類題演習」に入り、短時間で高度な内容まで踏み込みます。

**Point 3**
受験のエキスパート
### 東大系主力講師陣
クルゼの講師は、自らが難関を制した経験を持つ受験のエキスパート。医学部合格に必要な項目を的確に捉えた無駄のない指導だから、短期間で得点力を向上させます。

**Point 4**
いつでも先生が対応してくれる
### 充実の質問対応と個別指導
現役合格には、クルゼの学習と高校の学習の両立も非常に大切です。クルゼにおける授業内容だけではなく、学校の定期試験へ向けた準備のための質問にも対応します。

**Point 5**
推薦・AO入試も完全対応
### 経験に基づく万全の進路指導
医学部現役合格を狙うためには、一般入試の他に推薦入試やAO入試も視野に入れた対策を行う必要があります。

**Point 6**
医学部の最新情報が全て集結
### 蓄積している入試データが桁違い
40年以上蓄積してきた受験データや大学の入試担当者から直接調査した入試情報、卒塾生からの体験談など医学部の最新情報を提供します。

早稲田アカデミー教育グループ
医歯薬専門予備校
**野田クルゼ**
〈御茶ノ水〉

資料請求・お問い合わせ・各種お申し込みはお気軽にこちらへ

**現役校** Tel 03-3233-6911(代) Fax 03-3233-6922 受付時間 13:00～22:00

**本　校** Tel 03-3233-7311(代) Fax 03-3233-7312 受付時間 9:00～18:00

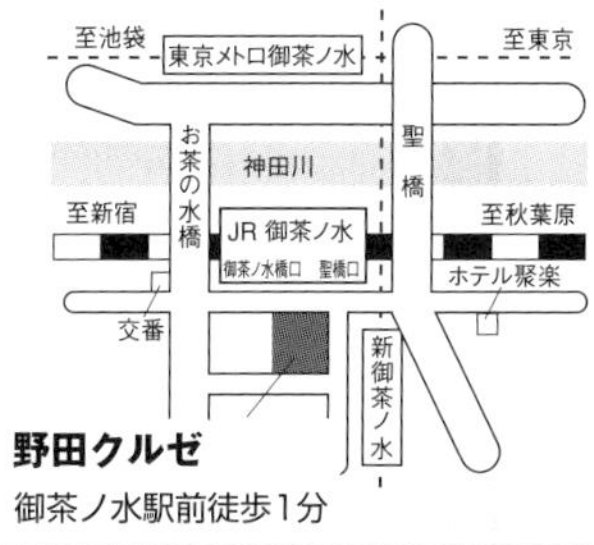


野田クルゼ
御茶ノ水駅前徒歩1分

野田クルゼの最新情報はホームページでもご確認いただけます。 野田クルゼ 検索

# サクセス イベント スケジュール
# 7月～8月
## 世間で注目のイベントを紹介

歴史

## ツタンカーメン展
## ～黄金の秘宝と少年王の真実～

2012年8月4日(土)～12月9日(日)
上野の森美術館

ツタンカーメンの棺形カノポス容器(内臓が保管されていた器)Photograph©Sandro Vannini

### 煌《きら》びやかに輝きを放つ 古代エジプトの黄金の数々

多くの人を魅了してきた古代エジプトの黄金や煌びやかに輝く装飾品の数々。７月16日まで開催中の大阪会場でも大盛況の展示会が、８月、東京にやってくる。黄金のカノポスや、ツタンカーメンのミイラが身にまとっていた黄金の襟飾りや短剣など、ツタンカーメン王墓をはじめ王家の谷などから考古学調査によって発見された、副葬品約50点など、エジプト考古学博物館（カイロ博物館）所蔵の122点が展示される。

科学

## 特別展「元素のふしぎ」

7月21日(土)～10月8日(月・祝)
国立科学博物館

特別展
元素のふしぎ

### 元素で学ぶ 科学の遊園地

太陽、大地、海、空、森、食べ物だけでなく人間も含めて、宇宙のありとあらゆるすべてのものが元素で構成されている。普段あまり意識しないけれど、じつは身近で、生活に深く関わっている元素。この展覧会では、118種類の元素すべてに興味深いエピソードをパネルを中心にわかりやすく紹介。元素を切り口に、科学のおもしろさや奥深さを体感し、学べる「科学の遊園地」のような展覧会となっている。

アート

## 「来て、見て、感じて、驚いちゃって！ おもしろびじゅつワンダーランド」展

2012年8月8日(水)～9月2日(日)
サントリー美術館

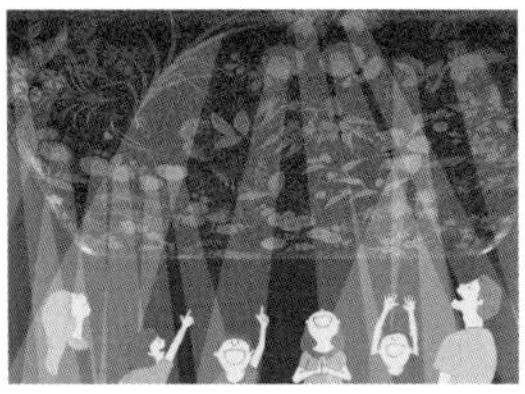

国宝　浮線綾《ふせんりょう》螺鈿《らでん》蒔絵《まきえ》手箱《てばこ》模様のプラネタリウム　イメージ

### 日本美術の 新しい楽しみ方

デジタル技術とアナログ手法を駆使し、通常展覧会では細部まで見ることができなかった日本の美術品に対して、ただ見るだけではなく「体験」「体感」できる展覧会。ガラス越しで細部まで見えなかった屏風が大型タッチパネルで拡大できたり、なかまでは見ることができなかった手箱の内側の模様をプラネタリウムのように体感できるなど、「日本美術のテーマパーク」となっている。

歴史

## 二条城展

7月28日(土)～9月23日(日)
江戸東京博物館

〈重要文化財〉　二条城二の丸御殿　大広間四の間　松鷹図　京都市（元離宮二条城事務所）蔵

「二条城展」の招待券を５組10名様にプレゼントします。応募方法は85ページを参照。

### 二条城が誇る 豪華《ごうか》絢爛《けんらん》な障壁画の数々

1603年、京都の警護と将軍上洛の際の居館として徳川家康によって造営された二条城。徳川慶喜の大政奉還の場としても有名な二条城が所蔵する3000面を超える障壁画から選りすぐった、狩野派による二の丸御殿障壁画を核とし、徳川家に関連した多数の美術作品や歴史資料など約100件を紹介する。栄華を極めた徳川家の、豪華絢爛な障壁画の数々が一堂に会する貴重な展覧会だ。

**学校説明会**

10/6㊏・11/10㊏
11/24㊏・12/1㊏
●PM 2：00～
※予約不要、上履き不要

**いずみ祭**

9/29㊏・9/30㊐
●AM9：30～
※入試相談コーナー設置

**授業見学**

実際に授業を見学することができます。
お電話でお申込ください。

**専修大学附属高等学校**

バーチャルキャンパスツアー
附属生気分で校舎探検！学校中を歩いてみよう。
専大附属　検索

MAIL nyuushi@senshu-u-h.ed.jp
〒168-0063 東京都杉並区和泉4-4-1
京王線・都営新宿線　代田橋駅 徒歩10分
東京メトロ丸ノ内線　方南町駅 徒歩10分
TEL.03-3322-7171

## 編集後記

先日、ボクシングのミニマム級で、WBC王者・井岡一翔選手と、WBA王者八重樫東選手による日本初となる日本人同士の統一戦が行われました。2人の王者の意地と意地のぶつかり合いをテレビで観ながら、「いままで自分は彼らのように、懸命になにかに打ち込んだことはあっただろうか」と思い、久々にスポーツを観て熱くなるものを感じさせてくれました。

みなさんはまだ、懸命になにかに打ち込んだ経験は少ないかもしれませんが、これから迎える高校受験は、本気で勉強に打ち込むことができる最高の舞台です。この夏は、だれにも負けないくらい猛勉強して、春には支えてくれた人たちに合格切符を見せてあげてください。（M）

## Information

『サクセス15』は全国の書店にてお買い求めいただけますが、万が一、書店店頭に見当たらない場合は、書店にてご注文いただくか、弊社販売部、もしくはホームページ（下記）よりご注文ください。送料弊社負担にてお送りします。

定期購読をご希望いただく場合も、上記と同様の方法でご連絡ください。

## Opinion, Impression & etc

本誌をお読みになられてのご感想・ご意見・ご提言などがありましたら、ぜひ当編集室までお声をお寄せください。また、「こんな記事が読みたい」というご要望や、「こういうときはどうしたらいいの」といったご質問などもお待ちしております。今後の参考にさせていただきますので、よろしくお願いいたします。

サクセス編集室
TEL 03-5939-7928
FAX 03-5939-6014

高校受験ガイドブック2012⑧ サクセス15

発行　2012年7月14日　初版第一刷発行
発行所　株式会社グローバル教育出版
〒101-0047 東京都千代田区内神田2-4-2
TEL　03-3253-5944
FAX　03-3253-5945
http://success.waseda-ac.net
e-mail　success15@g-ap.com
郵便振替　00130-3-779535
編集　サクセス編集室
編集協力　株式会社 早稲田アカデミー
©本誌掲載の記事・写真・イラストの無断転載を禁じます。

# Success15
## 8月号

## Next Issue

### 9月号は…

**Special 1**

# 本気の2学期！

**Special 2**

## 強い部活を紹介

**School Express**

### 巣鴨高等学校

**Focus on**

### 千葉県立佐倉高等学校

2013年度入試用 **首都圏** 中学受験情報誌 合格アプローチ

# 公立中高一貫校ガイド

**7/25(水)発売予定**

**首都圏の公立中高一貫校のすべてがわかる最新ガイド**
**全18校を完全網羅！**

●全国の書店でお求めください

A４変型 136ページ
定価：本体1,000円+税
ISBN978-4-903577-45-6

●安田教育研究所所長・安田理氏が
2012年度の状況分析から2013年度入試を予想
●首都圏公立中高一貫校18校を徹底分析！
●森上教育研究所所長・森上展安氏が選ぶ
「公立中高一貫校と併願してお得な私立中高一貫校」
●解説をつけて全校の適性検査を紹介

**株式会社 グローバル教育出版**
〒101-0047 東京都千代田区内神田2-4-2 グローバルビル
TEL：03-3253-5944（代） FAX：03-3253-5945
http://www.g-ap.com

9784903577593

1926037008002

ISBN978-4-903577-59-3

C6037 ¥800E

定価：本体800円+税

グローバル教育出版

客注
書店CD：187280　29
コメント：6037
受注日付：241213
受注No：120590
ISBN：9784903577593
1／1
51
ココからはがして下さい